뜨개인의
열두 달

Knitter's Almanac

ELIZABETH ZIMMERMANN'S KNITTER'S ALMANAC
Copyright © 1974, 1981 by Elizabeth Zimmermann

Korean translation rights © WILLCOMPANY, 2024
All rights reserved.
This Korean edition published by arrangement with Dover Publications c/o
Biagi Literary Management through Shinwon Agency Co., Seoul.

이 책의 한국어판 저작권은 신원에이전시를 통해
저작권자와 독점 계약한 윌컴퍼니가 소유합니다.
저작권법에 의하여 한국 내에서 보호를 받는 저작물이므로
무단전재와 무단복제를 금합니다.

뜨개인의
열두 달

한 해를 되짚어 보는
월간 뜨개 기록

엘리자베스 짐머만

서라미 옮김
한미란 감수

WILLSTYLE

머뭇거리는 뜨개인과 눈먼 뜨개인,

자신의 뜨개를 직접 디자인할 수 있다는 사실을

아직 알지 못하는 뜨개인에게 응원을 담아

이 책을 바칩니다.

직업적 사명감을 넘어 애정을 보여준

편집자 엘리노어 파커, 사진가 톰 짐머만,

그리고 양모를 내어준 양들에게

고마움을 전합니다.

차례

1월	아란 스웨터	9
2월	아기용품 몇 가지	37
3월	어려운 스웨터(사실은 어렵지 않은)	65
4월	미스터리 블랭킷	89
5월	다음 겨울을 위한 장갑	107
6월	테두리 뜨기와 여름 프로젝트	127
7월	여행하며 뜨기 좋은 솔	143
8월	크리스마스 오너먼트 뜨기	169
9월	타이즈	189
10월	오픈칼라 풀오버	207
11월	모카신 양말	233
12월	막바지에 서두르는 스웨터	251
부록	생소한 용어와 특별한 뜨개법에 관하여	273

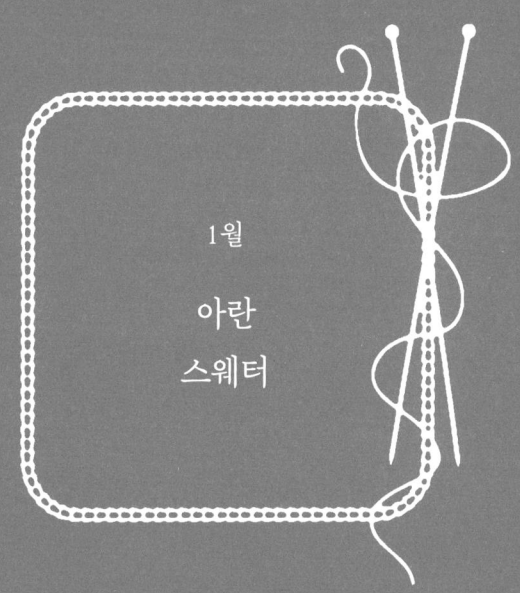

1월

아란
스웨터

옛날 옛적에 뜨개를 사랑한 할머니가 있었다. 그녀는 숲 한가운데에 있는, 다소 어수선하고 털실로 가득 찬 교실 하나가 전부인 학교에서 할아버지와 함께 살았다.

가끔 따뜻한 난로 옆이나 검은 자작나무가 드리운 그늘에 앉아 뜨개를 하며 계절을 써 내려갈 때마다 그녀는 남편에게 소리쳤다.

"여보, 내가 발명할 수 없는 뭔가를 발명한 것 같아."

그러고는 잘 들리지도 않는 그의 귀를 열정 넘치고 이해하기 어렵고 난해한 뜨개 잡담으로 채웠다. 마침내 어느 날, 할아버지가 말했다.

"당신은 책을 써야겠어."

할머니가 답했다.

"아무래도 그래야겠지?"

그래서 할머니는 책을 썼다.

합리적이면서 새로운 내용을 가득 담은 첫 번째 책은 꽤 좋은 평가를 받았지만, 그녀가 뜨개에 관해 알고 있는 모든 것, 그리고 그녀가 계속해서 발견해 낸 "발명할 수 없는 것들unvent"을 빠짐없이 담지는 못했다. 그래서 그녀는 다른 책을 썼고, 여러분은 지금 그 책을 손에 들고 있다.

우리는 숲 한가운데에 있는 학교에서 산다. 1937년에 미국으로 건너왔고, 예쁘고 똑똑한 세 아이가 어느새 다 자라 그중 한 아이는 두 아이의 부모가 됐다.

나는 영국에서 태어나 중산층 가정에서 자랐고, 가정교사에게 가정 보육을 받거나 사립학교에 다녔다. 그러니까 내 머릿속에는 아주 이상한 정보의 단편들이 들어 있고, 일반적인 지식은 거의 없다는 말이다.

그런가 하면 바이에른에서 나고 자란erzogen 남편은 상당한 문화가 있는 집안에서 태어나 좋은 학교와 대학교에 다니며 훌륭한 독일식 교육을 받았다.

자랐다는 의미의 독일어 erzogen을 미국인이라면 raised라고 썼겠지만, 그 단어가 어쩐지 내게는 빵 이름처럼 들린다.

우리 부부의 서로 다른 배경과 국적은 서로를 잘 보완한다. 둘 다 은퇴한 지금, 우리는 현재라는 시간을 대단히 즐기는 중이다. 남편은 목수 일, 배관공 일, 독서, 그림 그리기, 글쓰기, 맥주 양조, 사격, 낚시를 한다. 그중에서 내가 할 수 있는 건 읽기와 그림 그리기뿐이다.

하지만 나는 뜨개를 할 줄 안다. 일 년 내내, 밤낮없이 뜨개를 한다. 나는 뜨개에 열정적이다. 같은 방식으로 같은 것을 두 번 뜨는 일은 거의 없다.

자, 이제 뜨개인의 열두 달을 살펴보자. 이것은 내가 사랑하는 공예를 중심으로 한 해를 되짚어 보는 월간 기록이다. 그럼 시작해 볼까. 첫 번째는 아란 스웨터다. 더 쉬운 프로젝트들도 뒤에 나올 것이다.

춥고 눈 내리는 1월이다. 연휴는 끝났고, 성탄 경축 기간도 거의 끝나간다. 완성하기까지 오래 걸리는 사랑스러운 프로젝트를 시작하기에 가장 좋은 때는 언제일까. 나는 표백하지 않은 두꺼운 크림색 울을 잔뜩 갖고 있는데, 잘만 뜨면 아란 무늬가 선명하게 나올 것 같다. 메리야스뜨기로 1인치에 3.5코가 들어가는 게이지가 가장 좋다. 게이지가 같은 실을 갖고 있다면 나와 함께 뜰 수 있을 것이다.

사려 깊고 친절한 나는 1인치에 5코 게이지(메리야스뜨기)로 전통적인 아란 스웨터를 뜨는 방법도 알려줄 생각이다. 그러니까 여러분이 스웨터 한 벌을 뜨는 동안 나는 두 벌을 뜨는 것이다. 원래 하는 일이기도 하고, 분명히 재미도 있을 테니까.

몇 세기 동안 아일랜드 서쪽 제도의 여성들은 표백하지 않은 크림색 핸드스펀 실로 아란 스웨터를 떠 왔다. 스웨터 대부분이 바람을 막아 주는 터틀넥으로 되어 있고, 그 소매는 그물에 걸려도 쉽게 늘어지거나 축축해지지 않는다. 스코틀랜드인들이 가문마다 고유한 타탄체크 무늬를 갖고 있듯이, 이 스웨터도 가문마다 독특한 무늬를 갖고 있었다. 스코틀랜드에서는 왜 가문마다 무늬를 갖게 됐는지 잘 모르겠지만, 아란의 경우 물에 빠진 어부가 해안에 밀려오면 누구인지 알아보기 위해 이런 무늬를 갖게 됐다고 들었다. 가슴 아픈 이야기다.

어떤 무늬는 가문에 상관없이 쓰이기도 했다. 하지만 지금은 어디로부터 왔는지 모를 저렴하고 엉성한 모조품들의 범람으로 완전히 혼란스러워졌다.

그러니 가장 좋아하는 무늬를 넣어 나만의 아란을 설계하자. 아란이라는 제목이 붙은 수백 가지의 독특한 무늬가 들어 있는 아름다운 패턴북이 있다. 수많은 가능성과 순서들을 생각하면, 세상 모든 뜨개인이 이 아름다운 코들을 제각각 배열해 서로 다른 스웨터를 디자인할 수 있다는 사실을 알 것이다.

대부분의 아란 무늬는 케이블 형태이며, 모든 아란 스웨터에는 여러 가지 다른 무늬가 섞여 있다. 디자인을 쉽게 하기 위해 나는 아란 스웨터 전체를 네 구역으로 나눈 뒤 한 구역에 들어갈 아란 무늬를 디자인한 다음, 그것을 네 구역에 배치하는 방법을 쓴다. 조금 더 공을 들이면 스웨터를 크게 두 구역으로 나눈 뒤 앞뒤에 같은 무늬를 넣을 수 있다. 또는 앞과 뒤를 전혀 다르게 떠서 샘플러를 만들 수도 있다.

  이제부터 잘 집중하자. 다음 페이지부터 설명할 주요 키워드는 게이지가 될 것이다. 뜨개를 다루는 책을 시작하기에 이보다 더 좋은 방법이 있을까?

  게이지란 주어진 편물의 1인치 안에 들어가는 콧수, 또는 나뉜 콧수를 말한다. 불행히도 어떤 도안에서는 게이지에 맞는 바늘 크기를 정해두고 있다. 제발, 제발 여기에 연연하지 말자.

  여러분이 가진 실과 여러분의 지능이 여러분에게 알려주는 굵기의 바늘을 쥐고 게이지를 떠보자. 그러니까, 바늘 굵기를 각자의 개인적이고 독특한 뜨개 방법에 맞추는 것이다. 도안이 제시하는 게이지에 도달하겠다는 생각으로 불편함을 참아가면서 5mm 바늘로 1인치에 5코 게이지가 나오게 하려고 쫀쫀하게 뜰 필요는 없다. 내 생각이지만, 5mm 바늘은 아무리 실을 당겨 떠도 물리적으로 더 촘촘한 게이지를 나오게 하는 것이 불가능하기 때문에 관행적으로 1인치에 5코를 추천하는 것뿐이다.

우리 중에는 쫀쫀하게 뜨는 것을 좋아하지 않는 이들이 있다. 느슨하고 평온하게 뜨는 것을 더 좋아하기 때문이다. 1인치에 5코 게이지의 경우 3.75mm 굵기의 바늘이 필요할 수도 있으니 한번 떠보자. 실험해 보는 것이다.

내가 진심을 담아 여러분에게 내놓을 앞으로의 이야기는 '아란 뜨개에서 게이지'라는, 지금껏 풀리지 않았던 문제로 여러분을 이끌 것이다.

유감스럽게도 많은 아란 도안들이 1인치당 게이지를 요구하며, 1인치 안에 얼마나 많은 콧수가 들어가야 하는지를 말한다. 미심쩍지만 유용해 보이는 이 정보는 도안의 거의 끝부분에 적혀 있어서, 도안의 첫 부분만 읽고서는 혼란과 슬픔에 빠지고 만다. 꼭 전체 콧수를 잡아서 무늬를 몇 인치 뜬 뒤에 콧수를 재 보고서야 내가 뜬 것이 너무 꽉 끼거나 너무 느슨하다는 사실을 알아내야 할까? 권장 굵기의 바늘을 사용했다 해도 우리의 장력은 원작의 장력과 다를 수밖에 없다.

원작 스웨터가 완성되었을 때, 그걸 뜬 사람은 아마도 스웨터를 평평하게 펴서 치수를 재고 콧수를 인치로 나눈 다음 무늬에 필요한 게이지를 적었을 것이다. 애초에 그녀가 어떻게 알맞은 콧수에 도달했는지는 묻지 않는 편이 낫다. 거기에 요령은 없기 때문이다. 아란 무늬와 케이블 무늬는 서로 당기는 힘이 다르고, 여러 무늬가 섞여 있는 경우 저마다의 무늬가 다양한 힘으로 당기기 때문에 각각의 게이지도 다르다.

만약 원작이 완성된 뒤에 디자이너가 같은 바늘과 실로 메리야스뜨기를 해 작은 직사각형을 뜬 뒤 게이지를 냈다면 우리도 똑같이 할 수 있고, 우리의 직사각형을 그녀의 것과 일치시킬 수 있다. 그러면 아란 무늬를 뜰 때도 그녀가 쓴 것과 같은 굵기의 바늘과 실을 사용하면 된다는 사실을 도출할 수 있다. 최소한 어느 정도는 명확해질 것이다.

아란 무늬 도안을 보다 보면 "메리야스뜨기로 게이지를 측정했다"는 설명을 발견할 때가 있다. 그러면 슬픔이 좀 가신다. 하지만 "무늬뜨기로 게이지를 측정했다"라고 표시된 경우에는 조심해야 한다. 그럴 때는 전체 몸통 둘레의 절반에 해당하는 콧수를 잡고 아란 모자를 떠서 스와치 대용으로 쓰면 좋다. 도안에 사용된 모든 무늬를 넣은 아란 모자의 둘레가 스웨터 둘레의 정확히 절반이라면, 여러분은 망설임 없이 아란 스웨터를 시작하면 된다. 덤으로 모자까지 하나 생길 것이다. 6~8인치(15~20cm) 높이로 모자를 뜬 뒤 꼭대기에서 마무리 짓자. 누군가에게는 꼭 맞을 것이다.

모자의 둘레가 스웨터 둘레의 절반보다 좁다면 굵은 바늘로 바꾸자. 이렇게 뜬 모자는 밑단이 더 좁을 텐데, 이것이 이 모자의 장점이다.

원했던 폭보다 넓다면 얇은 바늘로 바꾼 뒤 위와 아래를 바꿔서 쓴다. 그러니까 좁은 쪽을 밑단으로 삼으라는 말이다. 코막음을 한 뒤, 코 잡은 단을 따라 코를 주워서 다시 코막음 해 정수리 부분을 만든다.

이제 모자가 생겼다. 심지어 두 개일 수도 있고, 그중 하나는 게이지가 정확할 것이다. 이제 자신감을 갖고, 보상받은 지성을 즐기며 스웨터를 계속 뜨자.

바늘을 바꾸지 않고 스웨터 속 아란 무늬들을 수정하는 방법도 있다. 내가 새로운 디자인을 작업할 때 늘 염두에 두는 방법이다.

나는 그간의 경험을 바탕으로 자연스럽게 스웨터의 절반 콧수를 계산한 뒤 모자 뜨기를 시작한다. (모자는 스웨터의 절반이라니 참 편리하지 않은가?) 생각보다 모자가 좁다면 (2인치쯤 될까?) 나는 무늬와 무늬 사이에 2인치 정도 안뜨기를 넣는다. 진정한 아란 무늬는 모든 무늬와 무늬 사이에 안뜨기가 있다. 나는 내 스웨터를 몇 코로 만들지 결정할 권리가 있고, 여러분도 마찬가지다. 메리야스뜨기로 측정한 게이지가 1인치에 3.5코라면, 무늬와 무늬 사이에 7코를 추가하면 2인치 정도가 추가된다. 7코가 안 맞으면 6코나 8코로 해도 된다. 한두 코 차이로 스트레스받지 말자.

만약 모자가 너무 넓어졌다면 무늬 사이의 안뜨기를 빼거나 무늬 중 하나를 수정하거나 또는 아예 없앨 수도 있다.

자, 이제 우리의 실험적인 모자를 뜨기 위해서 굵은 실로 90코를 잡자. 더 얇은 실이라면 100코 또는 110코가량 잡으면 된다. 그리고 여러분이나 혹은 소중한 사람에게 만들어줄, 진정으로 독창적인 아란을 위해 마음의 문을 활짝 열자. 여러분은 내가 뜨는 방식에 주목하면서 나와 똑같이 뜰 수도 있고, 나를 발전시킬 수도 있다.

이런 방식의 "생각하는 뜨개인을 위한 설명"이 어렵다고 느껴진다면, 이 챕터의 마지막 부분을 보자. 거기에 44인치(112cm) 둘레의 클래식한 아란 스웨터를 뜨기 위한 정확한 지침이 있다. 메리야스뜨기로 1인치에 5코 게이지이며, 무늬와 무늬 사이에 안뜨기가 많이 들어간 도안이다. 이 게이지에 맞는 실을 사용하자. 표백하지 않은 크림색 울실을 사용해야 한다.

피시트랩 무늬 Fishtrap Pattern

글래디스 톰슨의 훌륭한 책 《건지와 저지, 그리고 아란 무늬들 : 영국 제도에서 온 피셔맨 스웨터》는 최초의 아란 책이자 고전적이고 아일랜드적인 디자인을 담은 책인데, 여기에서 두 가지 무늬를 선택했다. 하나는 매우 넓은 무늬인데 앞판에 두 번, 뒤판에 두 번 배치할 것이고, 그러면 아마 다른 무늬들을 배치할 공간이 거의 남지 않을 것 같다. 하지만 괜찮다. 절제미가 있으면서도 풍부한 무늬이며, 내가 좋아하는 무늬 중 하나이니까. 이 무늬의 이름은 알려지지 않았으니 '피시트랩(원통어망, 통발)' 무늬라고 부르자. 피시트랩을 떠올리는 무늬이기 때문이다. 옆면에는 좁은 트위스트 스티치 케이블을 배치했고, 구역마다 두 개씩 있다. 한 구역은 아주 작은 무늬로 나뉘는데, 바로 K1B*가 수직으로 만들어내는 고무뜨기 무늬다. 이 코는 양쪽 겨드랑이와 앞판, 뒤판의 중앙에 있다. 나는 카디건을 뜰 것이기 때문에 앞섶을 자를 수 있도록 정면 중앙을 K1B, P2, K1B로 교체하려고 한다.

 그렇다. 나는 늘 카디건을 자른다. 그래서 늘 원통뜨기 풀오버로 카디건을 시작한다(마무리할 때도 마찬가지다). 복잡한 무늬 전체를 막대바늘로 뜨는 사람도 있지만, 원통형 구조는 아란을 뜰 때 특히 좋다. 계속 앞면을 보면서 뜨니 내가 어디쯤 뜨고 있는지 길을 잃을 가능성이 적고, 도안을 읽기도 쉽다. K1B로 뜬 세 개의 수직선을 기준으로 피시트랩 무늬를 나누어 배열했으니, 이 수직선을 가이드 삼으면 된다. 트래블링 스치티와 헷갈릴지도 모르겠지만, 보

---

* 꼬아 겉뜨기(Knit 1 into back of stitch)를 말한다.

다시피 트래블링 스치티는 여러 방향으로 뻗어 나간다는 점에서 다르다.

   트래블링 스치티란 무엇인가?

   트래블링 스치티는 많은 아란 무늬에 자주 등장하면서도 매우 단순한 무늬로, 두 개의 스티치를 꼬아 왼쪽이나 오른쪽으로 뻗어나게 한 작은 케이블 무늬다. 왼쪽으로 이동하려면 왼쪽으로 꼬고(LT), 오른쪽으로 이동하려면 오른쪽으로 꼬아(RT) 이동시킨다. LT와 RT는 각각 후방 트위스트(BTW)와 전방 트위스트(FTW)라고도 알려져 있다. 하지만 그보다는 LT와 RT가 더 많이 쓰이므로 지금부터는 LT와 RT라고 부르겠다.

   케이블은 일반적으로 꽈배기바늘에 두 코를 옮긴 뒤 앞(왼쪽 케이블) 또는 뒤(오른쪽 케이블)에 잠깐 두었다가 처음 두 코를 먼저 뜨고 앞이나 뒤에 두었던 코를 나중에 뜸으로써 완성한다. 두 코의 자리가 바뀌면서 케이블이 만들어지는 것이다. 더 큰 케이블은 3코나 4코로 뜨기도 하고 심지어 5코처럼 짝수가 아닌 콧수로 케이블을 만들 수도 있다. 가장 작은 케이블은 2코로 되어 있는데, 이것이 지금 우리가 뜨려는 것이다.

   처음 몇 번은 한 코를 꽈배기바늘에 옮긴 후 다음 코를 뜨는 동안 그것을 앞이나 뒤에 잠시 두었다가 꽈배기바늘에서 코들이 미끄러질 것 같을 때, 꽈배기바늘에 놀아나지 말고 영리하게 결단을 내려서 두 번째 코를 먼저 뜬 뒤 첫 번째 코를 떠서 두 코 모두 오른쪽 바늘에 있게 한다.

어떤 코를 한 방향으로 계속 꼬면, 그것이 바로 편물을 가로질러 여행하는 트래블링 스티치가 된다. 왼쪽으로 여행하게 하고 싶다면 두 번째 코를 뒤쪽에서 먼저 뜨고, 오른쪽으로 여행하게 하고 싶다면 두 번째 코를 앞쪽에서 먼저 뜬다. 그러니까 각각 왼쪽 트위스트(LT) 또는 오른쪽 트위스트(RT)로 뜨는 것이다. 다음은 그 방법이다.

왼쪽 트위스트

첫 코를 건너뛰고, 두 번째 코의 뒤에서 바늘을 찌른다. 그 코를 뜨되 바늘에서 제거하지는 마라. 이제 첫 코를 앞쪽에서 떠서 둘 다 오른쪽 바늘에 있게 한다. LT 완료. 왼쪽으로 기울어져 있다.

오른쪽 트위스트

나는 이걸 몇몇 뜨개인과는 조금 다르게 뜨는데, 아마 여러분도 좋아할 것이다. 두 코를 앞쪽에서 함께 뜨되 바늘에서 제거하지 마라. 다시 두 번째 코에 바늘을 찔러 겉뜨기한 다음, 왼쪽 바늘에서 두 코를 모두 빼낸다. RT가 완료되었다. 그것은 오른쪽으로 기울어져 있으며, 뜨는 법이 정통이라고 할 수는 없지만 LT와 대칭을 이룬다.

피시트랩 무늬 뜨기에 필요한 다른 기법은 겉뜨기와 안뜨기, 그리고 K1B다. K1B란 코의 뒤쪽 고리에 바늘을 찔러 겉뜨기로 뜨는 방법이다.

피시트랩 무늬는 가로 35코, 세로 28코로 이루어진다. 바버라 워커의 친절한 허락 덕분에 전통적인 설명과 함께 이 챕터 후반부에 차트를 제공한다. 그녀는 차트 뜨개에 대한 서로 다른 이론들을 수집하여 합리적으로 해석하였고 훌륭한 형태로 풀어냈다. 그녀의 차트를 보고 복잡한 무늬든 간단한 무늬든 일단 한번 떠보면, 그 뒤부터는 서술 도안을 동정심을 갖고 보게 될 것이다.

반복될 단일 무늬가 크면 차트도 크다. 오른쪽 하단 모서리에서 시작하여 기호를 따라 왼쪽으로 떠가면 된다. 빈 사각형은 겉뜨기, 점은 안뜨기다. 두 대각선이 두 사각형에 걸쳐 왼쪽으로 이어지면 왼쪽으로 꼬인 케이블을 뜨고, 오른쪽으로 이어지면 오른쪽으로 꼬인 케이블을 뜬다. B라고 적힌 사각형은 K1B를 의미한다.

줄바늘을 사용해 무늬 차트에 따라 1단을 뜬다. 첫 코가 시작된 지점으로 다시 돌아올 때까지 케이블 무늬와 피시트랩 무늬를 반복하며 첫 단을 완성한다. 그런 뒤 2단을 뜬다. 이렇게 계속 모든 무늬단과 코를 뜨다 보면 점차 무늬가 드러난다. 짝수단에서는 케이블 무늬가 없다는 사실을 기억하자. 앞단의 코 모양 그대로 겉뜨기나 안뜨기를 하면 된다. K1B를 잊지 말자.

이런 차트 도안의 큰 장점은 여러분이 뜨려는 무늬를 아주 잘 보여준다는 사실이다. 차트에는 콧수만큼의 사각형이 있고, 각각의 코들은 이웃 코와 정확한 관계를 맺고 있다. 심지어 서술 도안을 고집한다 해도 진행 상황을 차트로 확인하며 뜨면 좋다. 여러분이 차트만 보고도 아란 뜨개를 마칠 수 있다고 나는 확신한다.

고무뜨기 케이블

이것은 또 다른 무늬로, 매우 전문가처럼 보이지만 믿을 수 없을 만큼 간단해서 케이블 단에 속임수를 쓴 것 같은 무늬다. 다섯 코로 이루어져 있고, 필요한 코는 안뜨기와 K1B, 그리고 케이블 무늬이며 5코를 가로지르는 긴 대각선으로 표시된다.

두 번째 단부터 바로 케이블을 뜬다. 왜냐하면 케이블 무늬의 첫 단이 편물의 시작 부분에 가까울수록 무늬가 더 잘 살기 때문이다. 원한다면 첫 단에서 바로 케이블을 뜨기 시작할 수도 있다. 그렇게 하면 고무뜨기 케이블 무늬 하나가

7단이고, 피시트랩 무늬 하나가 28단이 되기 때문에 8단, 15단, 22단에서 케이블이 시작된다는 사실과 큰 무늬는 1단에서 무늬가 시작된다는 사실을 기억하면 된다.

  7단마다 케이블을 뜨라고 하면 여러분은 아마 이렇게 말할 것이다. 정말 특이한데! 특이한 것이 사실이다. 이것은 원통뜨기 덕분에 가능하다. 막대바늘로 뜬다면 4단, 6단, 8단, 10단 단위로 케이블을 떠야 할 것이다. 그러나 원통뜨기에서는 케이블의 간격을 원하는 거리만큼 조절할 수 있다. 사실 나는 큰 무늬가 28단으로 되어 있으니 28의 약수로 케이블을 반복하는 게 편하다는 것을 깨닫기 전엔 8단 케이블로 작업한 적이 종종 있었다. 바보같이 들릴지 모르지만, 7단 케이블이 8단 케이블보다 더 예쁘고 진짜 로프처럼 보인다. 더 또렷하고 효율적이며 경제적으로 보인다. 여러분에게는 어떻게 보이는지 한번 시도해 보기를.

  카디건의 케이블 무늬 방향은 풀오버와 반대 방향으로 떴다. 원하는 대로 선택하길. 또 하나는, 1인치에 5코 게이지인 풀오버에서 첫 단 35코를 모두 안뜨기로 떴다는 사실이다. 그렇게 큰 면적을 겉뜨기로 떴을 때 말리는 현상을 방지하기 위해서다. 덕분에 두 번째 단(피시트랩 무늬의 첫 번째 단)에서 케이블 무늬를 뜨기에 편리했다.

  자, 이것이 우리가 뜰 무늬다. 피시트랩 무늬와 고무뜨기 케이블. 전자는 35코, 후자는 5코다. 만약 모자를 100코로 시작한다면 앞과 뒤에 각각 피시트랩 무늬가 있고, 양쪽에 두 개의 고무뜨기 케이블이 있을 것이다. 두 고무뜨기 케이블은 K1B로 된 아주 작은 무늬로 분리되어 있다. 피시트랩과 고무뜨기 케이블은 안뜨기 한 코로 분리되어 정확히 100코가 들 것이다. 깔끔하다.

  이 모든 작업을 하면서 나는 한 코 한 코를 기록하고 차트를 작성했고, 그 결과 꽤 길고 큰 모자 도안이 만들어졌다. 폭이 10인치(25.5cm), 둘레가 20인치(51cm) 모자다. (아마도 조금 작은 쿠션 커버쯤 될까?) 이것을 두 배로 늘리면 스웨터는 딱 내가 원했던 40인치(102cm) 둘레가 될 것이다. 더 넓게 뜨고 싶다면 무늬 사이에 안뜨기를 많이 추가하면 된다. 나는 같은 실과 바늘로 메리야스뜨기 스와치를 만들었고, 게이지는 정확히 1인치에 3.5코이므로 추가로 2인치(5cm)를 늘릴 때마다 무늬들 사이 어딘가에 7코를 추가하면 된다.

  이제 내키진 않지만 모자 도안의 게이지를 계산해 보자. 100코를 20인치로 나누면 1인치에 5코가 나온다. 인상적인 수치지만 아란 프로젝트를 시작할 때 실질적인 쓸모는 전혀 없어 보인다.

  다음으론 여러분이 고른 실로 메리야스 게이지, 그러니

까 3인치(7.6cm)에 10.5코(1인치에 3.5코)가 들어가는 게이지를 달성해 함께 뜨개를 시작하자. 메리야스 게이지가 맞으면 아란 게이지도 맞을 것이다.

여러분이 작업하는 동안에도 나는 게으름을 피우지 않을 것이다. 한 번 더 100코를 잡을 것인데, 이번에는 워스티드 굵기의 실로 뜰 것이다. 메리야스뜨기로 1인치에 5코가 들어가니 조금 더 작은 게이지에 최적이고(무늬뜨기라면 1인치에 5.45코), 바늘은 3.5mm를 쓸 것이다. 더 굵거나 얇은 바늘이 필요하더라도 놀라지 말자. 메리야스뜨기로 게이지를 확인한 뒤 게이지를 증명해 줄 모자를 뜨자.

스와치 모자는 잘 되어가고 있는지? 내 것은 얇은 실(메리야스뜨기로 1인치에 5코)로 100코를 잡았고, 폭이 9인치(23cm), 둘레가 18인치(46cm)다. 평균적인 모자다. 두 배를 잡으면 36인치(91cm) 스웨터를 입는 날씬한 사람에게 맞는 옷이 될 것이다. 38인치(97cm) 정도 되게 하려면 무늬와 무늬 사이에 10코(2인치) 정도를 추가해야 한다. 40인치(102cm)나 42인치(107cm) 또는 44인치(112cm) 스웨터를 뜨고 싶다면 각각 20코, 30코, 40코의 안뜨기를 추가하거나 각 구역에 작은 무늬를 새로 넣어도 된다. 원작은 구역마다 10코씩 40코를 추가했다. 나는 피시트랩 무늬와 고무뜨기 케이블 사이의 양옆에 K1B를 삽입했고, 각 무늬 사이에 두 번째 안뜨기 코를 추가했다. 구역당 총 10코를 추가해 모두 60코를 더했고, 그렇게 총 240코를 만들었다.

   아란 무늬를 넣은 니트는 형태가 단순할수록 좋다. 무늬의 풍부함을 훼손하는 요소가 없어야 하기 때문이다. 나는 보통 몸통을 튜브 형태로 떠 올라간다. 사진 속 스웨터의 하단에 약간 주름이 생긴 이유는 초반 3인치(7.6cm)를 뜬 뒤에 무늬와 무늬 사이에 추가로 안뜨기 코를 더했기 때문이다. 카디건에서는 이렇게 하지 않았다. 밑단을 평평하게 완성하기 위해 가터뜨기 테두리를 넣었기 때문이다.

   몸통이 적당한 길이가 됐을 때 앞판을 코막음 한 뒤, 뒤판에서 각 단의 시작 부분에 있는 5코를 코막음 하며 뒤 어깨에 경사를 넣는다. 뒷목 부분에 6~7인치(15~18cm) 가량의 충분한 콧수가 남을 때까지 계속 이렇게 뜬다. 여러분은 목을 따로 떠서 잇는 것보다는 몸판에 이어서 뜨거나 캥거루 파우치 형태를 좋아할 것이다. 대략 다음과 같다.

   원하는 신체 길이에서 약 3인치(7.6cm) 정도 떨어진 곳에, 앞판 콧수의 중앙 1/3에 해당하는 코들을 별실에 걸어둔다. 2코를 새로 잡고 계속 떠간다. 이렇게 몸통이 완성되면 중앙의 3인치(7.6cm)를 기계 봉제한 뒤 자른다. 이 부분이 벌어지면서 멋지게 펼쳐진 목 형태가 될 것이다.

소매는 40cm 줄바늘로 뜬다. 몸통 콧수의 1/5을 손목 콧수로 잡고 원통으로 연결한 뒤 몸통과 마찬가지로 무늬를 시작한다. 나는 소매 중앙에 피시트랩 무늬를 하나 배치했고, 그 맞은편에 솔기(K1B로 만든 수직선)가 놓이게 된다. 솔기의 양쪽에서는 4단마다 1코가 늘어나므로 계산을 통해 소매 윗부분의 폭을 정확하게 뜰 수 있다. 바탕은 안뜨기를 유지하는데, 원한다면 무늬를 뜰만큼 안뜨기 코가 충분히 늘어난 후에 솔기 양쪽에 고무뜨기 무늬를 넣어도 되고, 한 코 한 코 늘어남에 따라 무늬를 만들어갈 수도 있다. 이 모든 것은 여러분에게 달려 있지만, 너무 많은 무늬를 넣어서 소매 밑부분을 복잡하게 만들지는 말자. 어차피 잘 안 보이니까.

  소매 길이에 몸통 너비의 절반 길이를 더한 것이 입을 사람의 목뼈에서 손목뼈까지 측정한 길이와 같을 때(늘어날 것을 감안하여 1~2인치 오차는 허용한다), 무늬대로 코막음을 한다. 케이블 무늬 하나 정도 추가할 수 있지 않을까 하는 강한 바람을 가진 채로.

  이제 진동 절단 작업이 시작된다. 직선의 암홀선을 만들기 위해 몸판의 위쪽에서 아래쪽으로 시침을 하는데, 이 시침선과 소매의 윗선이 정확히 일치하도록 각별히 주의한다. 시침선 양쪽과 진동의 좁은 아래쪽을 재봉틀로 박은 뒤

자리를 잘 잡았는지 다시 확인한다. 그리고 자른다.

어깨솔기를 꿰매고, 소매는 핀으로 고정하여 오른쪽부터 가지런히 꿰매어 놓는다. 진동의 절단된 가장자리를 소매 안쪽을 향해 정돈한 뒤, 매치되는 실이나 가는 실로 감치기 한다. 앞목과 뒷목에서 코를 주워 무늬대로 터틀넥을 뜬다. 터틀넥의 높이는 원하는 대로 조절한다. 다 떴으면 느슨하게 코막음 한다. 접는 터틀넥의 경우, 터틀넥의 중간보다 조금 못 미치는 자리에서 무늬의 앞뒤를 바꿔 뜨기 시작해야 뒤집힌 무늬가 바깥쪽으로 잘 드러난다.

카디건의 앞판 역시 진동과 같은 방식으로 가운데를 따라 똑바로 자른다. 테두리는 약간 더 얇은 바늘을 사용해 오른쪽부터 3단마다 2코의 비율로 코를 줍는다. 테두리는 약 12단(6개의 이랑)을 가터뜨기로 단단하게 뜬다. 앞판 모서리를 뜰 때는 두 단마다 두 코를 늘림으로써 형태가 잡힌다. (밑단 테두리는 원래 잡았던 콧수보다 10% 적게 해서 따로 뜬다.) 단춧구멍은 앞단의 중간 위치에 7개 만든다(161쪽 참조). 이들 사이에 몇 코를 남길지 계산하려면 다음과 같이 한다.

앞단의 콧수를 세고 6을 뺀 뒤, 나머지를 6으로 나눈 다음 결괏값에서 3을 뺀다. 남은 숫자는 각각 3코 단춧구멍

사이의 콧수가 될 것이고, 하단에 3코가 추가될 것이다. 만약 몇 코가 더 남아 있다면, 그것들을 어딘가로 분산시켜라. 어디에는 11코가 있고 어디에는 12코가 있는지 세는 사람은 없다. 그러니 앞단에서 3코를 떠서 3코 단춧구멍을 만들어라. *계산한 콧수를 겉뜨기한 다음 단춧구멍을 만든다. *부터 반복한다. 카디건을 입을 사람의 성별에 따라 적당한 자리에 단추를 단다.

  이 모든 걸 다 해냈다면 이제 다른 누구의 것과도 같지 않은 여러분만의 아란을 디자인하고, 계산하고, 떴다는 사실에 감동하기를 바란다. 야심 있는 뜨개인들은 래글런 솔더나 하이브리드 솔더를 합체하는 일에 관심을 가질 수도 있는데, 이 경우 래글런 라인을 따라 케이블 무늬를 넣으면서 코줄임을 하면 근사할 것이다.

  무슨 일이든 생각나는 대로 시도해 보자. 이제 여러분에게 아란의 세계가 열렸으니 마음껏 즐기기 바란다.

  자, 이제 내가 아는 아란은 모두 설명했다. 이 책에 있는 나머지 디자인들은 이제 유치할 정도로 단순해 보일 것이고, 여러분이 아이 같은 호기심을 품게 되었기를 바란다. 너무 예쁘지도, 너무 고지식하지도 않지만 좋은 유전자를 갖고 합리적으로 키워진 멋진 아이처럼 말이다.

아란 풀오버를 뜨기 위한 간결한 지침

게이지: 메리야스뜨기로 1인치에 5코

사이즈: 38인치(97cm), 40인치(102cm), 42인치(107cm), 44인치(112cm)

재료: 4온스(113g)짜리 2ply 쉽스울Sheepswool 7타래, 또는 게이지에 맞는 적당한 실로 4온스(113g)짜리 6~7타래. 40cm와 60cm 줄바늘 하나씩(3.5~5mm)

몸통: 60cm 줄바늘에 216코를 잡는다. 꼬이지 않도록 조심하면서 원통으로 연결한다. 아래와 같이 뜬다:

*K1B 1, P1, 고무뜨기 케이블(5코), P1, K1B 1, P1, 피시트랩(35코), P1, K1B 1, P1, 고무뜨기 케이블, P1.*부터 총 4회 반복한다. (4×54코=216코). 첫 코에 마커를 걸고, 원하는 경우 무늬 사이에도 마커를 건다. 3.5인치(9cm)를 그대로 뜬다. 무늬 사이에 안뜨기를 넣어 원하는 크기로 조정한다.

40인치는 8코 (총 224코)

42인치는 16코 (총 232코)

44인치는 24코 (총 240코)

(급하게 디자인하느라 본문에 썼던 기본 수치에서 약간의 수정이 있었다.)

26인치(66cm) 또는 원하는 길이만큼 뜬다. 앞판을 코막음 하고, 중앙의 40코를 별실에 건다. 뒤판은 평면뜨기로 뜨면서 40코가 남을 때까지 각 단의 시작 위치에서 5코씩을 코막음 한다. 40코를 별실에 건다.

소매: 40cm 줄바늘에 42(44, 46, 48)코를 잡는다. 원통으로 연결한 뒤 중앙에 피시트랩 무늬를 배치한다. 겨드랑이 단의 첫 코를 표시하고 여기서부터 한 코를 K1B 해서 수직선을 만든다. 고무뜨기 무늬 양옆에서 4단마다 1코씩 늘린다. 소매 길이+몸통 너비 절반=착용자의 목뼈에서 손목뼈까지가 되면(1~2인치 오차는 허용) 코막음을 한다. 대부분의 소매는 약 18인치(46cm) 정도다.

직선의 암홀선을 만들기 위해 몸판의 위쪽에서 아래쪽으로 시침을 하고, 이 시침선과 소매의 윗선이 일치하도록 주의하면서 시침선을 만든다. 시침선 양옆과 진동의 아랫부분을 재봉틀로 박고 시침선을 따라 자른다. 어깨솔기를 꿰매고 소매를 오른쪽부터 깔끔하게 꿰맨다. 가장자리가 소매 안쪽을 향하도록 정돈한다. 40cm 줄바늘로 앞목과 뒷목에서 코를 주워 원하는 길이만큼 겉뜨기한다. 세부 사항은 다음을 참조.

고무뜨기 케이블 무늬

5코 너비, 7단 높이

1단 : K1B 두 번, P1, K1B 두 번.

2단 : 케이블 단. 첫 3코를 꽈배기바늘에 옮긴 뒤 편물의 뒤에 둔다. K1B 두 번, 케이블 바늘에서 P1, K1B 두 번.

3~7단 : 1단을 반복한다.

피시트랩 무늬

35코 너비, 28단 높이

오른쪽 도안 참조.

Rnd 1. (LT) 4X.	K1B, (RT) 4X.	K1B, (LT) 4X.	K1B, (RT) 4X.
Rnd 2. (P1, K1) 4X.	K1B, (K1, P1) 4X.	K1B, (P1, K1) 4X.	K1B, (K1, P1) 4X.
Rnd 3. P1, (LT) 3X, P1.	K1B, P1, (RT) 3X, K1.	K1B, K1, (LT) 3X, P1.	K1B, P1, (RT) 3X, P1.
Rnd 4. P2, (K1, P1) 3X.	K1B, (P1, K1) 4X.	K1B, (K1, P1) 4X.	K1B, (P1, K1) 3X, P2.
Rnd 5. P2, (LT) 3X.	K1B, (RT) 4X.	K1B, (LT) 4X.	K1B, (RT) 3X, P2.
Rnd 6. P3, (K1, P1) 2X, K1.	K1B, (K1, P1) 4X.	K1B, (P1, K1) 4X.	K1B, (K1, P1) 3X, P2.
Rnd 7. P3, (LT) 2X, P1.	K1B, P1, (RT) 3X, K1.	K1B, K1, (LT) 3X, P1.	K1B, P1, (RT) 2X, P3.
Rnd 8. P4, (K1, P1) 2X.	K1B, (P1, K1) 4X.	K1B, (K1, P1) 4X.	K1B, (P1, K1) 2X, P4.
Rnd 9. P4, (LT) 2X.	K1B, (RT) 4X.	K1B, (LT) 4X.	K1B, (RT) 2X, P4.
Rnd 10. P5, K1, P1, K1.	K1B, (K1, P1) 4X.	K1B, (P1, K1) 4X.	K1B, K1, P1, K1, P5.
Rnd 11. P5, LT, P1.	K1B, P1, (RT) 3X, K1.	K1B, K1, (LT) 3X, P1.	K1B, P1, RT, P5.
Rnd 12. P6, K1, P1.	K1B, (P1, K1) 4X.	K1B, (K1, P1) 4X.	K1B, P1, K1, P6.
Rnd 13. P6, LT.	K1B, (RT) 4X.	K1B, (LT) 4X.	K1B, RT, P6.
Rnd 14. P7, K1.	K1B, (K1, P1) 4X.	K1B, (P1, K1) 4X.	K1B, K1, P7.
Rnd 15. P6, RT.	K1B, LT, P1, (RT) 2X, K1.	K1B, K1, (LT) 2X, P1, RT.	K1B, LT, P6.
Rnd 16. P6, K1, P1.	K1B, (P1, K1) 4X.	K1B, (K1, P1) 4X.	K1B, P1, K1, P6.
Rnd 17. P5, RT, K1.	K1B, K1, LT, K1, (RT) 2X.	K1B, (LT) 2X, K1, RT, K1.	K1B, K1, LT, P5.
Rnd 18. P5, K1, P1, K1.	K1B, (K1, P1) 4X.	K1B, (P1, K1) 4X.	K1B, K1, P1, K1, P5.
Rnd 19. P4, (RT) 2X.	K1B, (LT) 2X, P1, RT, K1.	K1B, K1, LT, P1, (RT) 2X.	K1B, (LT) 2X, P4.
Rnd 20. P4, (K1, P1) 2X.	K1B, (P1, K1) 4X.	K1B, (K1, P1) 4X.	K1B, (P1, K1) 2X, P4.
Rnd 21. P3, (RT) 2X, K1.	K1B, K1, (LT) 2X, P1, RT.	K1B, LT, P1, (RT) 2X, K1.	K1B, K1, (LT) 2X, P3.
Rnd 22. P3, (K1, P1) 2X, K1.	K1B, (K1, P1) 4X.	K1B, (P1, K1) 4X.	K1B, (K1, P1) 3X, P2.
Rnd 23. P2, (RT) 3X.	K1B, (LT) 3X, P1, K1.	K1B, K1, P1, (RT) 3X.	K1B, (LT) 3X, P2.
Rnd 24. P2, (K1, P1) 3X.	K1B, (P1, K1) 4X.	K1B, (K1, P1) 4X.	K1B, (P1, K1) 3X, P2.
Rnd 25. P1, (RT) 3X, K1.	K1B, K1, (LT) 3X, P1.	K1B, P1, (RT) 3X, K1.	K1B, K1, (LT) 3X, P1.
Rnd 26. (P1, K1) 4X.	K1B, (K1, P1) 4X.	K1B, (P1, K1) 4X.	K1B, (K1, P1) 4X.
Rnd 27. (RT) 4X.	K1B, (LT) 4X.	K1B, (RT) 4X.	K1B, (LT) 4X.
Rnd 28. (K1, P1) 4X.	K1B, (P1, K1) 4X.	K1B, (K1, P1) 4X.	K1B (P1, K1) 4X.

X = 횟수. 괄호 안의 지시 사항을 지정된 횟수만큼 반복한다.
K = 겉뜨기, P = 안뜨기, LT = 왼쪽 케이블, RT = 오른쪽 케이블,
K1B = 꼬아 겉뜨기.

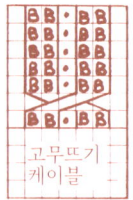

고무뜨기 케이블

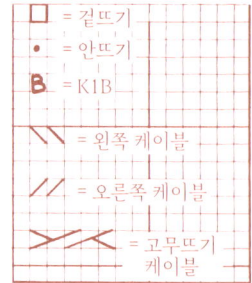

□ = 겉뜨기
• = 안뜨기
B = K1B
= 왼쪽 케이블
= 오른쪽 케이블
= 고무뜨기 케이블

2월

아기용품 몇 가지

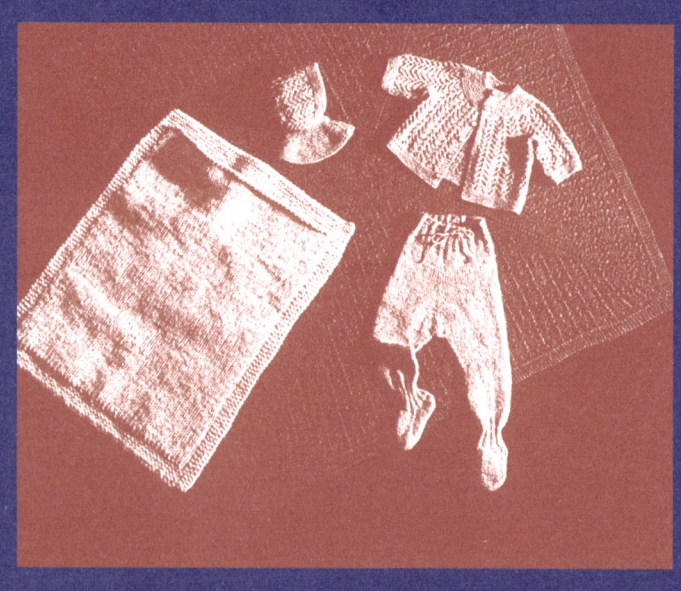

아기들이 울로 된 옷을 얼마나 좋아하는지 표현할 수는 없겠지만, 울 스웨터와 울 레깅스를 입고 부드러운 울 보닛까지 쓰고서 울 담요 자락을 꼭 쥔 채 잠든 작고 포동포동한 아기에게 홀딱 빠져 있다 보면, 아기가 울을 좋아하는 게 분명하다는 걸 느낄 수 있다.

울만큼 아기를 따뜻하고 편안하게 감싸주는 것은 없다. 울은 축축해졌을 때도 몸을 젖게 하지 않고, 체온을 내리지도 않는다. 울은 정성을 들여 조심스럽게 세탁할 가치가 충분하다.

모든 할머니들이 동의하는 것이 한 가지 있다면, 울을 제대로 세탁할 줄 아는 며느리가 없다는 사실이 아닐까. 그렇다 하더라도 할머니들이 뜨개를 멈춰야 하는 것은 아니다. 손으로 직접 뜬 아기 옷이 그 사이사이에 조심스럽게 티슈가 끼워진 채로 옷장에 처박히기를 바라는 할머니는 없을 것이다. 그저 울로 뜬 아기 옷을 얼마나 자주 세탁해야 하는지 잊은 것뿐일지도 모른다. 물론 아기들은 입은 옷이 약간 구겨지거나 누렇게 변해도 신경 쓰지 않겠지만. 어쨌든 할머니들이 부드러운 울 소재 아기 옷을 계속 뜨도록 그냥 두면 어떨까. 그러면 지난번에 떠준 옷을 입고 있는지 아닌지 신경을 덜 쓸 테니까. 이건 실제로 유용한 방법이다.

한 가지 괜찮은 대안이 있다. 아기용품을 어두운색이나 무난한 색으로 뜨면 세탁을 덜 해도 된다. 부드러운 헤더그레이 색상은 아기의 얼굴색과 잘 어울린다. 보닛 가장자리에 흰색을 조금 넣으면 더 좋다. 흰색으로 테두리를 두르거나, 테두리를 따라 살짝 보이도록 안감을 댈 수도 있다. 네이비블루에 연한 파란색이나 은회색을 조합해도 아기에게 잘 어울린다. 푸른 눈의 아이에게 청록색 셰틀랜드 모자를 씌운 모습은 쉽게 볼 수 있는데, 혹시 주홍색은 어떨까?

물론 베이비 울로는 이런 색상이 잘 나오지 않는다. 베이비 울은 아무리 생기 있는 색이라고 해도 연한 녹색이나 연한 노란색이 고작이지만, 질 좋고 부드러운 실이라면 써서는 안 되는 색이 있을 리 없다.

도도하게 합성실 매장 앞을 지나가노라면 점원이 나와서 '요새 젊은 엄마들'과 '세대'를 운운하며(그냥 단순하게 '요즘'은 이런 실이 잘 팔린다고 말해줘도 될 텐데) 세탁기와 건조기에 돌려도 괜찮은 실을 강요할 것이다.

아기들은, 어른도 마찬가지지만, 역사가 시작될 무렵부

터 양모로 만든 옷을 입었다. 비교적 최근까지도 나는 울 알레르기라는 걸 거의 못 봤다. 기숙학교 시절에 몇몇 아이들이 속옷에 긁혀 가렵다며 불평하고 괴로워하기는 했지만, 결국은 극복했다. 그럴 수밖에 없었다. 나는 아기들에게 가장 부드러운 울 옷을 입히면 자동적으로 그리고 자연스럽게 알레르기로부터 면역이 된다고 믿는다. 만약 아이에게 합성섬유 옷을 입히기 시작한다면, 그래서 아이가 울의 따뜻함과 편안함으로부터 단절된 채 칙칙한 합성섬유 스웨터를 입고 하루를 보내야 한다면, 그 옷을 입힌 사람 말고는 행복한 사람이 없을 것이다.

만약 내가 울 알레르기가 있는 아이와 함께 어딘가에 갇히게 된다면 꽤 교묘한 방법을 쓸 것이다. 우선 올론(합성섬유 상표)에 울실 한 가닥을 섞어 스웨터를 뜰 것이다. 아이가 별 불평 없이 이것을 입는다면 다음번에는 다른 색의 울실 두 가닥을, 또 다음번에는 세 가닥을 섞어 스웨터를 뜰 것이다. 이렇게 스무 벌 정도의 스웨터를 입히면, 이론상으로는, 일반적인 울 스웨터를 입을 수 있는 아이가 된다. 적어도 그런 노력을 했을 거라는 말이다. 만약 내 의도가 들킨다면, 내가 사용한 색은 울실만 나온다고 둘러대면 되겠지.

조금 큰 아이에게 울 알레르기가 있다면 곧바로 엄청나

게 멋진 울 스웨터를 뜰 것이다. 몇 세대 동안 젊은이들을 관찰하며 그들이 온갖 패션 고문을 아무렇지 않게 겪어내는 것을 보고 (심지어 겨울에는 헐벗은 탓에 시퍼런 정강이가 떨리는 모습을 드러내는 것까지), 나는 그들이 입고 싶은 옷을 만나면 어떤 불편함도 견딜 수 있고, 견뎌낼 것이라는 사실을 깨달았다.

아기를 따뜻하게 해줄 유용한 뜨개 아이템을 고민해 보자. 앞 장과 마찬가지로 (그리고 이 책 내내 그렇지만) 여기서 설명된 모든 프로젝트에 대한 간결하고 핵심적인 지침이 이 장의 끝부분에 제공된다.

편안하고 생각 없이 뜰 수 있으면서도 독특한 기법이 들어간 심플한 사각형 담요로 시작해 보자. 이 무릎담요의 길이는 조절할 수 있다. 아기가 여름에 태어날 예정이라면 일찍 시작하는 것이 좋다.

이 담요는 더블니팅Double knitting이라는 위대하고 단순한 원리에 기반을 두고 있다(워스티드 실로 하는 뜨개를 뜻하는 더블니팅double knitting과는 다르다). 더블니팅은 매력적이기는 하지만, 내게는 엄청난 시간 낭비로 보일 때가 있다. 그것은 두 개의 바늘을 왔다 갔다 하며 원통 모양의 편물을 만드는 과정 때문이다. 첫 단에서는 겉뜨기와 걸러뜨기를 번갈아 하고, 다음 단에서는 걸러뜨기 했던 코를 겉뜨기하고, 겉뜨기했던 코를 걸러뜨기 한다. 이렇게 모든 코를 두 번씩 뜨는 것이다. 한 번은 걸러뜨기, 한 번은 겉뜨기로. 이 두 단은 짝수 코로 이루어져 있으며, 그 결과 메리야스뜨기의 매력적인 튜브가 만들어진다. 손에 익지 않으면 실수로 앞뒤가 붙기도 하고 가장자리가 삐뚤빼뚤하게 떠지기도 한다.

나는 이걸 줄바늘로 뜨는 것을 더 좋아한다. 훨씬 빠르고 금방 떠지며 앞뒤가 붙는 것도 방지할 수 있다.

많은 뜨개인이 더블니팅에 흥미를 느끼며, 그중 한 명인 여러분도 아마 더블니팅을 시도하게 될 것이다.

시간과 노력을 낭비하지 않는 사람으로서, 나는 더블니팅을 가치 있게 만들기 위해 그 네 가지 장점을 통합하고자 했다.

첫째, 더블니팅은 어떤 이유에선가 부피에 비해 매우 가볍다. 굵은 바늘로 가볍고 두꺼운 울실(쉽스다운Sheepsdown도 괜찮다)을 사용하면 구름처럼 부드럽게 떠진다. 딱딱한 바닥에 이 실로 뜬 담요를 깔고 발차기하는 아기를 눕히면 멋진 패드가 된다.

둘째, 굉장히 따뜻하다. 마치 두 장의 담요를 겹친 것처럼. 실제로 그렇지만.

셋째, 근사하고 기능적인 가터뜨기로 테두리를 둘렀고, 가터뜨기로 만드는 네 이랑으로 시작한다.

더블니팅이라고 해서 밑단 가장자리로 짝수 코를 잡았다면, 밑단과 그 윗부분이 물결처럼 주름졌을 것이다. 하지만 나는 그런 함정에 빠지기에는 너무 노련하다. 필요한 콧수의 절반만 잡고 밑단을 가터뜨기로 뜬 뒤, 1단을 뜰 때 나머지 필요한 콧수들을 새로 만들었다. 오른쪽 바늘로 코의 뒤쪽을 찔러서 말이다. 그러니까 뒤쪽에 보일 코들을 걸러뜨기 하는 대신 M1을 해 새로 만든 것이다(부록 참조).

그 결과 봄 분위기 물씬 풍기는 구름 같은 담요가 완성됐다. 사면이 진중하고 위엄 있는 가터뜨기 밴드로 고정되어 담요 자체에도 기품을 주면서 동시에 늘 삐뚤빼뚤하게 떠지던 가장자리가 근사하게 정리되었다.

20코 혹은 짝수 코로 샘플을 떠 본 뒤 패드나 아기용 로브, 아기 침대 이불 등을 원하는 크기로 뜨려면 몇 코를 잡아야 하는지 결정하는 데에 참고하자. 각자 원하는 너비만큼 테두리를 뜨는데, 위와 아래 테두리의 두께가 양옆 테두리 너비와 같아지도록 이랑(가터뜨기 2단이 이랑 하나다) 수를 맞춰야 한다. 5번째와 6번째, 11번째와 12번째, 17번째와 18번째 단의 테두리는 건너뛴다. 테두리코 전까지 뜨고, 편물을 뒤로 돌려 뜨는 것을 2단 한다. 꼭 이렇게 하지 않아도 괜찮지만, 이렇게 하면 양옆 테두리가 깔끔하기 때문에 조금 번거롭더라도 이렇게 뜰 만한 가치가 있다. 샘플을 정사각형으로 뜨면 냄비 받침이나 냄비 손잡이로 근사하고 유용하게 쓸 수 있다.

더블니팅 냄비 손잡이

아주 굵은 울실과 6.5mm 바늘로 20코를 잡는다. 가터뜨기로 4이랑을 뜬다.

다음 단: K4, *K1, 감아코로 1코 만들기. 4코가 남을 때까지 *을 반복하여 감아코로 끝낸다. K4. (총 32코).

다음 단: K4, *K1, 실을 앞으로 가져온 다음 안뜨기 방향으로 걸러뜨기. 4코가 남을 때까지 *을 반복. K4.

위 두 단을 필요한 만큼 반복한다. 그런 뒤 K4, *K2tog. 4코가 남을 때까지 *을 반복. K4. 가터뜨기로 4이랑 뜬 뒤 코막음.

앞서 네 가지 장점이 있다고 했는데, 그 네 번째는 마지막 단에서 K2tog를 하지 않고 앞, 뒤 코를 따로따로 코막음하면 담요를 포근한 아기 가방으로도 쓸 수 있다는 점이다.

사각 숄

이제 숄에 도전해 보자. 숄에는 시작은 있지만 끝은 없다. 시간, 인내심, 갖고 있는 실의 길이에 따라 원하는 만큼 뜨면 되기 때문이다.

바늘 다섯 개로 중심부터 시작하자. 다섯 개 바늘로 뜨면 사각 숄의 각 변마다 바늘이 하나씩 걸린 상태에서 뜨는 바늘이 따로 하나 있기 때문에 바늘 네 개로 뜨는 것보다 훨씬 실용적이다. 그중 한 바늘의 굵기가 약간 달라도 괜찮다. 처음에는 바늘들을 다루기가 어렵겠지만 곧 익숙해질 것이다. 어떤 사람들은 첫 부분의 6단이나 8단까지는 바늘 두 개로 뜬 뒤 나중에 보이지 않게 돗바느질 하기도 한다. 자신에게 맞는 방법으로 뜨면 된다. 나는 올바로 뜨는 게 좋아서 에밀리 오커Emily Ocker의 코잡기 방법을 사용해 원형 8코로 시작한다. 부록에 설명이 있다. 에밀리는 이 방법을 자신이 발명했다고 말하지 않지만, 나는 그전에 이 방법에 대해 들어 본 적이 없다. 에밀리의 말로는 독일에서 유래됐다고 한다.

8코로 시작해 한 단을 겉뜨기한다. 다음 단에서는 YO를 한 다음 K1을 계속해 총 16코를 만들고, 각 바늘에 4코씩 분배한다. 한 단을 모두 겉뜨기한다.

다음 단: *K1, YO, K1, YO, 남은 코 모두 K.

다른 세 바늘에서도 *을 반복한다.

무난하고 아름다우면서도 단순한 숄을 만들고 싶다면 마지막 두 단을 반복하면 된다. 각 바늘의 시작 부분에서 2단마다 2코씩 늘어날 것이고, 코늘림 단마다 각 바늘의 시작 겉뜨기 콧수가 하나씩 커지게 된다. 두 번째 단에서 8코가 늘어나면서 평평한 사각숄이 만들어진다. 늘어난 코의 간격이 자연스럽게 벌어지면서 코가 점점 많아져 금세 16인치(40cm), 머지않아 24인치(60cm) 줄바늘로 바꿀 수 있게 된다. 24인치 줄바늘로 숄을 완성할 수 있지만, 어떤 뜨개인은 27인치(69cm)에서 48인치(122cm)까지 더 긴 바늘로 뜨는 것을 좋아한다. 꼭 뱀처럼 생겼는데 말이다.

줄바늘로 작업할 때는 첫 단에서 마커를 사용해 코 늘린 부분을 표시해야 한다. 숄을 뜰 때 나는 밝은색의 울실, 안전핀, 링마커 순으로 표시하기를 선호한다.

이만큼 뜨다 보면 우리도 사람인지라, 늘림코와 늘림코 사이의 밋밋한 겉뜨기 영역이 다소 지루할 것이고, 거기에 어떤 장식을 넣어볼까 생각하게 될 것이다.

어떤 기법으로 뜨든, 레이스가 있고 개방적인 무늬를 넣는 게 좋다. 이것은 결국 숄이기 때문이다. 무늬의 중심을 잘 맞추고 콧수가 바뀌지 않도록 조심하자. 나는 초반에 무늬가 바늘 단위로 반복되는 것을 좋아한다. 그런 뒤에 콧수가 충분히 늘어나면 한 바늘 안에서도 무늬가 반복되게 할 것이다. 한 무늬가 완전히 보일 때까지 기다리며 콧수를 늘리는 단계는 뜨기에도 재미있고 예쁘기도 하다. 그래서 나는 무늬를 구석에 모는 우를 범하지 않는다. 코늘림과 무늬가 뒤죽박죽되어 버리는 재앙이 일어나기 때문이다.

무늬를 선택할 때는 평면뜨기로 뜰 때 짝수 단을 안뜨기로 뜨는 무늬를 고르자. 그러면 줄바늘로 원통뜨기를 할 때 겉뜨기로 바꾸기만 하면 된다.

무늬단(YO, K2tog, SSK 등)을 코늘림 단과 동일하게 배치할 필요가 있다고 내가 말했던가. 그러면 두 번째 단은 마음 놓고 편안하게 겉뜨기만 하면 된다.

숄의 가장자리에는 가터뜨기 테두리를 넣는다. 코막음 테두리는 예쁘게 뜨기도 어렵고, 가끔 타이트하게 떠져서 보기에도 쓰기에도 안 좋다.

숄은 항상 블로킹을 잘하자. 물에 적신 뒤(필요하다면 세탁을 해도 좋다) 수건이나 세탁기를 이용해 습기를 최대한 없앤 후 큰 침대 위에 펼쳐 놓고 블로킹 핀으로 촘촘히 고정한다. 빈틈없는 살림꾼이라면 시트 위에 러그를 펼쳐놓고 그 위에 블로킹을 해도 된다. 원한다면 블로킹 핀을 2~3

인치(5~7.6cm) 간격으로 꽂은 뒤 팽팽하게 당겨 뾰족뾰족한 모양의 솔을 만들 수도 있다.

솔이 꽤 말랐으면 모양이 유지되도록 접는다. 세탁할 때마다 이 절차를 따르자.

어제는 날이 좋았다. 이곳에서 멀지 않은 웨스트비에서 스키점프 대회가 열렸다. 웨스트비는 가파르고 좁은 웨스트 위스콘신 계곡 사이에 위치하고, 지역 스키 클럽이 효율적으로 관리하고 있다. 미국에서 가장 높은 점프대가 있는 곳이기도 하다. 아니, 거짓말이다. 지금은 미국에서 두 번째로 높다.

화창하면서도 아주 추운 날이었고, 우리는 잘 알려지지 않은 작은 길들을 따라 여행했다. 정오도 되기 전에 차 안에서 최고의 맥주 한 병과 라인 와인 한 병을 마시며 신나는 소풍을 즐겼다. 괜찮은 유리컵과 머그잔만 있으면 보온병이 필요 없을 만큼 근사한 상황을 연출할 수 있다는 사실이 놀랍기만 하다. 고급 리넨 티타월 몇 장도 괜찮고, 음료수병 두 개를 멀찍이 놓은 뒤 그 위에 평평하게 나무판을 얹어도 괜찮다. 그 위에 가게에서 산 치즈, 삶은 달걀, 사과를 꺼내두면 시간과 돈과 에너지를 거의 들이지 않고도 손쉽게 멋진 그림이 완성된다.

점프 경기는 정시에 시작됐다. 영감은 전문가의 시각에서 경기를 제대로 보겠다며 도약대 쪽으로 사라졌다. 자동차 앞유리를 뚫고 햇볕이 내리쬐었고, 나는 오래전에 뜬 담요로 다리를 덮고 있었다. 선수가 몇 미터를 뛰었는지는 제쳐두고 대신 그 시간에 뜨개를 해야겠다고 거창하게 결심했지만, 라인 와인은 곧 효과를 보였고 나는 달콤한 식후 낮잠에 빠져들었다. 자동차 안에서 고양이처럼 낮잠을 자기 위한 내 특별한 기술은 바른 자세로 앉아서 목 근육에 힘을 뺀 채 턱을 최대한 가슴 쪽으로 떨어뜨리는 것이다. 내 반사 신경은 마음먹으면 거의 바로 잠들 수 있을 만큼 잘 조절되어 있다. 이렇게 자면 머리가 뒤로 쳐지지 않고 입도 벌어지지 않는다. 그리고 코도 골지 않는 것 같아서 좋다. 가족들은 내가 늘 코를 곤다며 음모론을 펼치지만, 말도 안 되는 소리다.

   점프 경기의 극적인 순간에 경적이 울려 잠에서 깼다. 정신을 차리고 뜨개를 하며 자동차로 돌아온 영감을 맞았다. 경기를 제대로 즐기고 온 영감은 매우 기뻐했다. 말해두지만, 영감이 몸소 점프 경기에 참가했던, 소위 말해 "한창때"는 나도 낮잠을 자지 않았다. 그저 덜덜 떨며 지켜봤을 뿐.

   뜨고 있던 아기 스웨터를 가져왔기 때문에 왕복 차 안에서 뜨개를 했다. 집에 도착해 멋진 고양이 두 마리와 여전히 타오르고 있는 재로 덮인 난로에게 환영을 받기 전까지 나는 아기 스웨터의 요크와 소매를 완성했다.

이 아기 스웨터를 퍼센티지 시스템에 맞추기 위해 나는 단순하고 합리적으로 뜨는 중이다. 솔기를 최소화하기 위해 목 부분에서 시작했고, 요크는 가터뜨기로 떴다. 필요한 만큼 콧수를 늘리고 무늬를 뜬 뒤 진동까지 떠간 다음 아래의 공식대로 소매를 분리했다.

오른쪽 앞판: 15% + 4개의 테두리 코(원하는 경우 그 이상)
오른쪽 소매: 20%
뒤판: 30%
왼쪽 소매: 20%
왼쪽 앞판: 15% + 4개의 테두리 코(원하는 경우 그 이상)
총 = 100% + 8개의 테두리 코(원하는 경우 그 이상)

다음으로 소매를 뜬다. 소매는 양쪽 끝에서 7코씩을 만들어 뜨고, 가터뜨기 테두리로 마무리한다. 마지막으로 뒤판 콧수 + 양쪽 앞판 콧수 + 겨드랑이에서 새로 만든 14코씩을 모두 더한 콧수를 원하는 길이만큼 떠간다.

결과: 두 군데만 이으면 되는 매력적인 아기 스웨터 완성. 좋아하는 색과 굵기의 울실로 아기 스웨터를 떠서 자주

입혀 보자. 요크와 테두리는 가터뜨기나 멍석뜨기로 뜨면 말리지 않는다. 가터뜨기로 뜨면 요크 부분의 코 늘린 부분이 눈에 잘 띄지 않기 때문에 훨씬 실용적이다. 단춧구멍은 앞단 양쪽에 또는 한쪽에 일정한 간격으로 만든다.

요크 부분의 코늘림을 하는 동안 봉투 뒷면에 코늘림 횟수를 계산하며 애를 먹고 있었는데, 영감이 연필 한 자루로 나를 구해주었다. 그러면서 "140코를 뜨면 소매와 몸통 비율이 딱 떨어질 거야"라고 했는데 실제로 그랬다. 140코보다 작은 7의 배수도 나쁘지 않았다. 이 말은 그러니까, 스웨터에 배치할 무늬는 7코로 이루어져야 한다는 말이고, 나는 여기에 맞는 무늬를 몇 가지 알고 있다. 목 부분에서는 42코(테두리를 뜨기 위해 8코를 더한다)를 잡았다. K2, M1이라는 단순한 단계만 반복하면 42코가 140코로 늘어난다는 사실을 알고 있는지? 첫 번째 늘림단을 뜨고 나면 63코가 될 것이다. 두 번째 늘림 후에는 94코, 마지막까지 늘리고 나면 141코가 된다. 한 코가 넘치지만 여러분은 곧바로 이렇게 말할 것이다. 괜찮아, 세상에 완벽한 건 없어. 마지막 한 코를 안 늘리면 된다. 140코 스웨터 만드는 방법 끝.

나는 스웨터를 만들었던 실과 무늬 그대로 보닛도 만들고 있다. 여기에 어울리는 아기 양말도 만들 생각이다. 아기들은 옷을 세트로 맞춰 입는 경우가 거의 없는데, 할머니가 옷을 세트로 떠주지 않아서 그런 것은 아닌 것 같다.

이 보닛은 목까지 따뜻하게 해준다. 보닛의 길이를 늘려서 뜨면 되는데, 왜 아기 목에 엉성한 스카프를 따로 둘러서 아기를 괴롭힐까. 귀를 감싸고 턱 아래에서 단추를 채울 수 있는 보닛을 마음껏 뜨자. 다 떴다면 아랫단의 코를 주워서 목과 어깨 부분에 펼쳐질 칼라를 뜨자. 스웨터나 재킷 안에 이 보닛을 입히면 된다. 스웨터의 요크 부분을 뜰 때보다 완만하게 코늘림을 하자. 아마도 2단마다 균일하게 7코씩 늘리면 될 것이다. 지겨워질 때까지 계속 뜨자. 길이가 길수록 아기가 따뜻해진다. 하지만 어깨보다 넓어지면 곤란하다.

이제 아기용 레깅스로 넘어가자.

나는 이 실용적인 아기옷을 독일에서 처음 봤고, 미국에서 태어난 내 아이들에게 만들어주었다. 그때 우리는 온수 설비가 안 된 아파트에서 살았는데(온수 설비가 안 됐다는 말은 그 집에서 겪은 추위를 완곡하게 표현한 것이다), 그런 조건은 꽤 유럽 스타일이었다. 레깅스는 바지와 기저귀 커버와 양말의 기능이 합쳐진 것으로, 아이가 옷을 입은 상태에서도 자유롭게 움직일 수 있게 해준다.

손자가 생기고 얼마 지나지 않아 나는 다시 레깅스를 뜨기 시작했다. 나만의 독특한 버전으로 디자인해서 말이다.

이것은 공식화되어 있기 때문에 어떤 울실로 뜨든, 어떤 게이지이든 크기만 다른 같은 결과물이 나온다.

어떤 뜨개인은 미신에 사로잡혀 있다. 바로 울실의 두께와 게이지에 따라 옷의 형태가 달라진다는 것이다. 크기는 다를 수 있지만 형태는 달라지지 않는다. 메리야스뜨기에서 발목 부분을 45도 각도로 꺾이게 뜨고 싶다면 2단마다 1코 비율로 코를 늘리거나 줄이면 된다. 만약 매 단 이렇게 늘리거나 줄이면 꺾이는 속도는 두 배가 되어서 발목 부분이 22.5도의 각도가 될 것이다. 매 단마다 2코 혹은 3코씩 줄이면 (보통 첫 단이나 마지막 단에서 이렇게 하는데) 더 빨리 줄일 수 있다.

완만하게 꺾이게 뜨고 싶다면 3단이나 4단마다 1코씩 늘리거나 줄이면 된다. 게이지에 상관없이 발목 부분의 형태가 일정하게 유지된다. 만약 편물의 폭을 1인치씩 좁히거나 넓히고 싶다면 여러분의 게이지 중 1인치 안에 들어가는 콧수만큼을 더하거나 빼면 된다. 어떤 울실로 뜨는가에 상관없이, 뜨고자 하는 편물의 형태에 따라 얼마나 가파르게 좁히거나 혹은 넓혀야 하는가를 알 수 있다.

이건 진실이다. 한번 믿고 시도해 보면 뜨개옷을 생각보다 훨씬 쉽게 뜰 수 있을 것이다.

레깅스를 뜨기 위해 나는 허리 부분의 콧수를 충분히 잡고 고무단을 시작했다. 내가 대바늘 두 개를 가지고 레깅스의 앞판과 뒤판을 따로 뜰 정도로 어리석다면, 옆선 솔기에 이를 때까지 되돌아뜨기 콧수를 늘려가며 평면뜨기를 할 것이다. 그러나 나는 줄바늘로 바로 코를 늘리기 시작했고, 앞판과 뒤판의 중심에서 3단마다 2코씩 코를 늘려 엉덩이 부분을 떴다. 적당한 길이만큼 떴을 때, 앞판과 뒤판의 가랑이 부분에 버림실을 이용해 5코씩을 새로 만든다. 이 부분은 나중에 돗바늘로 이을 것이다. 돗바늘로 잇는 것이 싫고 두렵다면 코막음을 하자. 그러나 이 책의 부록을 먼저 살펴보길. 회피와 두려움은 여러분에게 도움이 되지 않으며, 잇기weaving는 생각보다 쉽고 재미있을 것이다. 이제부터는 양말바늘을 이용해 다리를 한쪽씩 뜨면 된다. (11인치(28cm)나 9인치(23cm) 줄바늘로 떠도 되지만, 양말바늘보다 불편한 것 같다.)

  다리통의 너비가 적당해질 때까지 3단마다 2코의 비율로 다리 안쪽 코를 줄이고, 그 상태가 마음에 든다면 종아리에서도 똑같이 뜬다. 발 부분에 이르러서는 K2, P2로 바꿔 2~3인치(5~7.6cm) 고무단을 뜬다. 발목 부분에서 착 달라붙게 해주기 때문이다. 어떤 때는 변덕에 나를 맡긴 채 양말 모양으로 마무리하기도 한다.

  넉넉하게 뜬 레깅스는 (무릎과 발 부분이 조금 닳기는 했지만) 두 살 된 아기가 지금까지도 입는다. 작게 뜬 것은 두 번째 손자가 잘 입고 있다. 나는 솔직한 여성이므로, 그 레깅스 중 어떤 것은 울과 나일론을 절반씩 섞어서 떴다는 사실을 고백한다. 지금도 예쁘게 잘 입고 있지만, 꽤 늘어난 것은 사실이다. 그러니까 선택은, 아기가 무엇을 원하는지에 달렸다. 울 100%의 편안함이냐, 울 50%의 내구성이냐. 지금 그걸 다시 뜨라고 한다면 지혜를 발휘해서 무릎과 발 부분에만 나일론실을 쓸 것 같다.

우리가 가장 좋아하는 레깅스는 자투리 울실을 알뜰하게 활용한 레깅스다. 발목에 귀여운 회색 무늬를 넣고 발 부분은 진회색으로 뜬 녹색 레깅스라든지, 무릎에 흰색 무늬를 넣고 발목과 발은 주홍색으로 뜬 네이비 색 레깅스처럼. 이런 레깅스를 아기에게 입히면 정말 예쁘다.

자투리 울실을 남김없이 사용하면 편물이 아름다워진다는 사실을 알게 되어 얼마나 기쁜지. 게다가 절약과 검소함의 끝판왕 아닌가.

만약 우리 조상들이 우리처럼 10년마다 가구를 버렸다면, 우리는 골동품을 사러 어디로 가야 했을까. 후손들의 안녕과 즐거움에 대해 조금이라도 생각해 보고, 가정의 수호신인 라레스와 페나테스를 따라 지금 우리의 경솔하고 낭비적인 시대의 유물을 조금이라도 미래에 물려줄 수 있도록 하자. 가구를 다시 손질하고, 낡은 집을 수리하고, 스웨터에 새 소맷부리를 달고, 무언가를 수리하는 것은 사물에 새로운 생명을 불어넣을 뿐만 아니라, 우리의 애정도 더 깊어지게 한다.

더블니팅 블랭킷 또는 패드를 뜨기 위한 간결한 지침

사이즈: 20인치(51cm) × 26인치(66cm)

게이지: 1인치에 2.5코 또는 4인치(10cm)에 10코. 완성한 편물에서 측정.

재료: 4온스(113g)짜리 쉽스다운 4타래, 또는 게이지에 맞는 굵기의 울실 4~5타래. 게이지에 맞는 바늘 한 쌍(6.5mm 또는 이보다 굵은 바늘).

54코를 잡는다. 8단을 모두 겉뜨기(가터뜨기 4이랑).

다음 단: K4, *(K1, M1), 마지막 4코 남을 때까지 *을 반복, K4.(여기까지 100코).

무늬 시작. 첫 코는 모두 걸러뜨기.

1단: K4, *K1, 실을 앞으로 가져오고 1코를 안뜨기 방향으로 걸러뜨기, 마지막 4코 남을 때까지 *을 반복. K4.

2단, 3단, 4단: 1단을 반복.

5단: 마지막 4코 남을 때까지 1단을 반복. 편물 뒤집기.

6단: *K1, 실을 앞으로 가져오고 1코를 안뜨기 방향으로 걸러뜨기. 마지막 4코 남을 때까지 *을 반복. 편물 뒤집기.

1단은 *만 뜨면서 편물의 길이가 24인치(61cm)가 될 때까지 위 여섯 단을 반복해서 뜬다.

다음 단: 마지막 4코 남을 때까지 K4, K2tog(또는 ssk), K4 (또는 뒤쪽에 있는 코들을 코막음).

8단을 모두 겉뜨기한 뒤 코막음.

사각 숄을 뜨기 위한 간결한 지침

사이즈: 43인치(109cm) × 43인치(109cm)

게이지: 1인치에 4코. 메리야스뜨기

재료: 셰틀랜드 울 10온스(283g) 또는 느슨하게 떴을 때 위의 게이지에 맞는 실. 40cm, 60cm 줄바늘 각각 하나씩. 게이지에 맞는 다섯 개로 구성된 장갑바늘 한 세트(5호에서 8호 사이), 코바늘 하나.

부록을 참조해 에밀리 오커의 방법으로 8코를 잡는다. 바늘 4개에 두 코씩 옮긴 뒤 남은 바늘 하나로 겉뜨기 한 단을 뜬다.

다음 단: YO, K1 반복해 총 16코를 만든다. 한 단을 겉뜨기한다.

1단: K1, YO, K1, YO한 뒤 각 바늘의 마지막 코까지 K(총 24코). 2단을 비롯한 모든 짝수 단은 겉뜨기.

3단: K2, YO, K1, YO한 뒤 각 바늘의 마지막 코까지 K(총 32코).

5단: K3, YO, K1, YO한 뒤 각 바늘의 마지막 코까지 K.

이렇게 계속 뜨면 각 바늘에 2단마다 2코씩 늘어난다. 총 64코가 되면 40cm 줄바늘에 모든 코를 옮긴 뒤 코늘림 위치에 마커를 걸어 표시한다. 총 104코가 되면 60cm 줄바늘에 옮긴다. 원하는 무늬가 있다면 넣어도 좋다. 길이가 21인치(53cm)가 되거나 바늘에 걸린 코가 800코쯤 되면, 마지막 1인치에서는 코늘림을 생략한다. 테두리에 7코의 가터뜨기를 넣는다(부록 참조). 모서리 부분은 45도로 꺾이게 뜬다.

K6, 편물 뒤집기, 모두 겉뜨기. K5, 편물 뒤집기, 모두 겉뜨기. K4, 편물 뒤집기, 모두 겉뜨기. K5, 편물 뒤집기, 모두 겉뜨기. K6, 편물 뒤집기, 모두 겉뜨기. 테두리를 뜰 때도 형태를 유지하며 뜬다.

돗바늘로 시작과 끝부분을 잇는다.

심리스 아기 스웨터를
뜨기 위한 간결한 지침

게이지: 1인치에 5코. 하지만 아기들은 사이즈가 계속 변화한다.

재료: 셰틀랜드 울 또는 베이비 실 3온스(85g). 게이지에 맞는 바늘 한 쌍(아마도 2.75~3.75mm 사이).

50코를 잡고 가터뜨기로 4이랑(8단)을 뜬다.

다음 단: K4, *K2, M1. 마지막 4코가 남을 때까지 *반복. K4. (총 71코). 4이랑 뜨기.

코늘림 단과 4이랑을 반복해서 뜬다(총 102코가 될 때까지). 코늘림 단을 반복하다가 한 번만 코늘림을 생략한다. (총 148코).

패턴을 바꿔서, 처음과 마지막 4코에서 가터뜨기를 유지하면서 8번째 이랑마다 (YO, K2tog)를 해 단춧구멍을 만든다.

4.5인치(11.4cm) 정도 됐을 때 25코를 뜨고, 다음 28코는 평면뜨기로 뜬다. (각 단의 끝부분에서 7코를 새로 만든다. 총 42코).

소매로 4인치(10cm) 정도 뜬 다음 마지막 1인치는 가터뜨기로 뜬다.

두 번째 소매도 같은 방식으로 뜬다.

남은 92코를 바늘에 둔 채, 소매에서 새로 잡은 7코를 주워서 (총 4번) 패턴대로 뜨되 5인치(12.7cm) 또는 원하는 길이만큼을 테두리로 뜬다. K8, K2tog를 해 콧수를 10% 줄인 뒤 1인치 가터뜨기로 마무리한다. 겉면을 본 채 안뜨기 방향으로 느슨하게 코막음하고 소매를 잇는다.

아기 스웨터용 갈매기 무늬

7코 너비, 4단 높이

1단: (안면) 모든 안면을 안뜨기.

2단: K1, K2tog, YO, K1, YO, SSK, K1 반복.

4단: K2tog, YO, K3, YO, SSK. 반복.

1~4단을 반복.

아기용 레깅스를
뜨기 위한 간결한 지침

게이지와 재료: 사이즈는 너무 걱정하지 않아도 된다. 아기들은 계속 자라기 때문에 사이즈가 변화하고, 니트는 신

축성이 좋으니까. 40cm 줄바늘 하나, 같은 굵기의 양말바늘 1세트.

40cm 줄바늘에 84코를 잡는다. 원통으로 연결한 뒤 K2, P2로 세 단을 뜬다.

다음 단: K2, YO, P2tog를 해 끈을 끼울 구멍을 만든다.

10단 이상을 고무뜨기로 뜬다.

뒤쪽 형태 잡기: 뒤쪽 가운데에서 시작. K5, 편물 뒤집기, P10, 편물 뒤집기, K15, 편물 뒤집기를 P40을 해야 할 때까지 계속, 편물 뒤집기. 메리야스뜨기 24단. 앞판 중심 3코와 뒤판 중심 3코를 마커로 표시.

엉덩이 형태 잡기: 3단마다 한 번씩 마커로 표시한 코의 양옆에서 1코씩 늘림. 총 126코. 5단을 메리야스뜨기. 뒤판 중심과 앞판 중심에 버림실로 5코를 새로 잡고 양말바늘을 사용해 다리 부분을 뜬다.

다리: 58코를 떠가다가 다리 안쪽에서 3단마다 2코씩 코줄임을 한다(K2tog, K1, SSK). 46코가 되었으면 20단을 메리야스뜨기로 뜬다. 뒤쪽 가운데를 마커로 표시하고 3단마다 2코씩을 줄여 36코가 되게 한다. 발목 부분이 될 15단을 또는 원하는 길이만큼을 고무뜨기로 뜬다.

양말 부분: 앞쪽 가운데의 14코를 사용해 발등을 만든다.

1단: 걸러뜨기 1코, K12, P1.

2단: 걸러뜨기 1코, K2, P8, K2, P1.

1, 2단을 10번 반복. 이렇게 뜬 편물의 양옆에서 11코씩을 주워 원통으로 메리야스뜨기 10단을 뜬다. 마지막 단은 발가락과 뒤꿈치 위치에서 K2tog를 4번씩 한다. 바늘을 제거한 뒤 납작하게 접어서 돗바늘로 옆선을 잇는다. 가랑이 부분에서 새로 잡은 5코를 돗바늘로 잇는다. (귀여운 반바지를 만들고 싶다면, 다리 부분에서 다섯 단만 뜬 뒤 코막음 한다.)

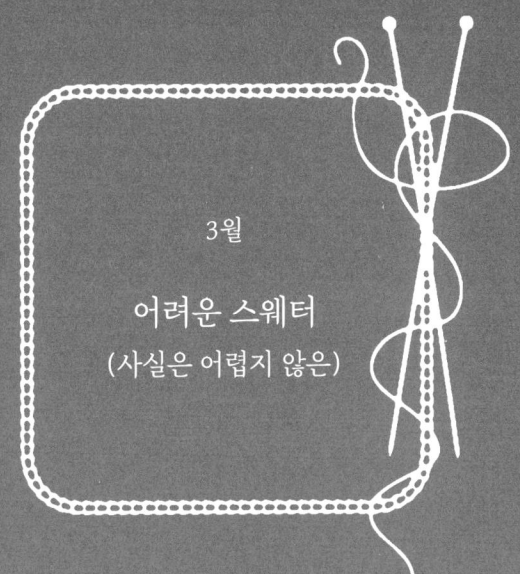

3월

어려운 스웨터
(사실은 어렵지 않은)

뜨개인의 영원한 질문은 "실을 얼마나 사야 할까?"이다. 이 질문에 대한 포괄적인 답은 없지만, 몇 가지 검증된 답은 있다. 아주 굵은 실을 사용한다면 상상할 수 있는 것보다 많이 사고, 아주 가는 실을 사용한다면 놀랄 만큼 적게 사라.

성인 스웨터 한 벌을 뜨는 데는 일반적으로 4온스(113g) 실이 5~6타래가 필요하다. 총 20~24온스(567~680g)다. 아주 굵은 실로 뜬 아주 무거운 스웨터는 아마 1인치에 2.5코 정도 들어갈 텐데, 2파운드(907g) 혹은 그 이상이 필요할 것이다. 셰틀랜드 울(또는 비슷한 두께로 1인치에 6코 게이지인 실)을 사용한다면 10온스(283g)면 일반적인 스웨터를 뜰 수 있다.

셰틀랜드 울의 경우 라벨을 잘 보라고 말하고 싶다. 셰틀랜드 울 함유량이 고작 5%인 실이라면 아무리 제조업자라도 그것이 셰틀랜드 울이 아니라는 사실에 동의해야 하고, 셰틀랜드 울로 간주해서는 안 된다. 그런 실은 실제 셰틀랜드 울보다 꽤 두꺼울 때가 있다.

진짜 셰틀랜드 울은 쉽게 구하기 어렵다. 셰틀랜드 울은 스코틀랜드 북쪽 해안의 셰틀랜드 제도에서 생산되는데, 섬에서 키울 수 있는 양의 수가 제한되어 있기 때문이다. 이곳에서 생산되는 실은 2ply로 가는 것, 아주 가는 것, 엄청나게 가는 것 등 세 종류로 나뉘는데, 세 번째 실은 거의 거미줄처럼 가늘다. 가장 일반적인 셰틀랜드 울은 이 세 가지 중 첫 번째 것으로 1인치에 6코 게이지이지만, 원한다면 더 쫀쫀하게 뜰 수도 있다. 이 실로 뜨면 부드럽고 가볍고 경제적인 편물을 만들 수 있다.

실을 얼마나 사야 하는가에 관한 문제는 우리의 오랜 친구인 게이지를 살펴보는 것으로 요약된다. 굵은 실로 큰 게이지*를 냈다면, 섬세한 게이지를 내는 가는 실로 뜰 때보다 더 많은 양의 실이 필요할 것이다. 그러니 계획을 세울 때 비용을 고려해야 한다면, 이 사실을 기억하자. 온스당 가격은 가는 실이 굵은 실보다 더 비싸지만, 완성 스웨터로 치면 얇은 스웨터가 두꺼운 스웨터보다 돈이 적게 든다는 사실을. 두꺼운 스웨터는 실이 훨씬 많이 필요하기 때문이다.

* 보통 게이지가 크다고 말할 때는 10cm 안에 들어가는 콧수가 많은 것을 의미하고, 이는 곧 실이 얇다는 것을 의미한다. 그러나 여기서는 굵은 실로 낸 적은 콧수의 게이지를 large gauge라고 쓰고 있으므로 반대의 의미로 쓰였음을 알 수 있다.

하지만 이보다 더 중요한 것은 내가 어떻게 뜨는가, 그리고 어떤 옷을 좋아하는가이다. 쫀쫀하게 뜬 옷은 느슨하게 뜬 옷보다 실이 더 든다. 편물의 밀도가 높기 때문이다. 길고 넉넉한 옷을 좋아하는 사람은 짧고 타이트한 옷을 좋아하는 사람보다 당연히 실이 많이 든다. 배색 스키 스웨터는 무늬가 얼마나 퍼져 있는가에 따라 무늬 없는 스웨터보다 실이 더 많이 든다. 실이 가장 적게 드는 것은 가는 실로 굵게 뜨는 레이스 무늬다.

빠뜨린 이야기가 없나? 그렇다면 이제 내가 줄 수 있는 최선의 답은 아래 세 가지다.

1. 실가게 직원에게 물어보자. 그들은 손님이 실을 적게 사는 상황을 걱정한다. 왜냐하면, 뜨다가 실이 부족하면 어떤 일이 벌어지는지 잘 알기 때문이다. 그들은 또한 손님과 좋은 관계를 유지하는 게 이익이기 때문에, 종종 남은 실을 반품하더라도 구입 시기가 합리적이고 상태가 깔끔하고 깨끗하다면 기꺼이 받아준다. 영수증을 잘 보관하자.

2. 작은 노트를 마련해 다 뜬 프로젝트의 세부 사항들을 적어두자. 실의 종류, 게이지, 소요된 실의 양, 완성 사이즈, 받은 사람의 반응, 착용한 기간까지. 새 프로젝트를 시작할 때 이러한 내용이 도움이 될 것이다.

3. 실을 과하다 싶게 많이 사자. 앞에서 말한 것처럼 실가게는 실이 남는 이유를 잘 이해한다. 그렇더라도 어느 정도까지 이해해 줄지는 미리 알아두는 게 좋다. 만약 실이 남는다 해도 실망하지 말자. 그 실들은 서랍 안에 자리를 잡고 앉아 미래의 쓸모를 위해 기다릴 테니까. 옷의 테두리라든지 배색 무늬, 작은 양말이나 장갑, 심지어 수선할 때도 쓸 수 있다. 아니면 수를 놓을 수도 있고. 아마도 가장 잘 쓰는 것은 커다란 캐서롤 아프간일 텐데, 이걸 뜨면서 무늬와 색, 실의 두께를 달리함으로써 우리의 뜨개 기법과 창의력을 보여줄 수 있다. 가는 실은 두 겹이나 세 겹으로 뜨면 일반적인 게이지와 거의 일치하도록 할 수 있고, 굵은 실 역시 마찬가지로 갈라서 쓸 수 있다.

만약 실이 부족한데 비슷한 실이 없을 때는 어떻게 할까? 아래 몇 가지 중 한 가지 방법을 쓸 수 있는데, 어떤 것은 실을 갈라야 하지만 나쁜 방법은 아니다. 프로젝트를 시작할 때 실의 양이 충분한지 어떤지 확신이 들지 않는다면 이렇게 해 보자.

1. 소매를 가장 나중에 뜬다. 남은 실을 둘로 나누어 양 소매를 똑같은 길이만큼 뜬다. 이를테면 3/4씩이라든지.
2. 원통으로 뜨는 스웨터를 밑단에서 시작해 목 부분을

향해 떠 올라가자. 실이 충분하지 않아도 요크 부분을 다른 색으로 뜨거나 무늬를 넣을 수 있다. 이 방법은 라운드 요크 또는 래글런 요크를 뜰 때 적당하다.

3. 목부터 시작해 아래로 떠가는 스웨터를 뜰 생각이라면, 밑단 테두리를 다른 색으로 마무리하거나 배색을 넣는다.

실 부족을 도무지 해결할 수 없다면 아래 몇 가지 회피 방법이 있다.

1. 테두리를 여러 가지 색으로 뜬다. 몸판 밑단 고무단을 뜨지 않고 남겨 두었다가 어깨 등을 마무리하고 남은 실을 사용해 고무단을 여러 색으로 뜬다.

2. 소매는 다른 색으로 뜬다. 단 소맷부리 부분은 메인 컬러로 뜬다.

3. 어울리는 두 가지 색 실을 2인치씩 번갈아 뜬다.

4. 창의력을 발휘해 다른 회피 방법을 발명하자. 발명하고 나면 행복할 것이다. 그리고 그 방법을 다른 사람과 나누게 될 것이다. 누구나 언제든 이런 문제에 직면하니까.

오늘은 오전 11시 기온이 영하 20도나 되는 고약하게 추운 날이다. 하지만 나 역시 겨울 날씨만큼이나 고집이 센 사람이고, 여전히 하얀 풍경 즐기기를 고집한다. 나는 이 "어려운 스웨터"라고 이름 붙인 작업을 여러분에게 안내하면서 행복하고 바쁘게 지내려고 한다. 실제로는 그렇게 어렵지 않기도 하거니와, 이 스웨터에는 내가 지금까지 어떤 스웨터에서도 본 적 없는 새로운 기법이 들어 있다. 이름이 좀 노골적이기는 하지만, 나는 이걸 '여행하는 배색 무늬 Traveling Color-Pattern'라고 부른다.

보통의 스키 스웨터와 페어아일 배색 패턴은 아름답고 매혹적이고 보람 있는 작업이지만, 사선 무늬를 뜰 때 계단처럼 각이 지는 걸 피하기 어렵다. 우리의 눈은 이걸 매끄러운 선으로 보정해서 봐 주는데, 이것이 뜨개의 약속이자 매력이라고 생각한다. 하지만 그렇다고 해서 더 유동적인 선으로 무늬를 넣고 싶은 뜨개인들의 노력이 멈추어야 하는 것은 아닐 것이다.

사선을 이루는 무늬는 질감이 있는 무늬에서 많이 나타난다. 특히 아란 무늬 중 트래블링 스치티Travelling-Stitch*에서 자주 볼 수 있다. 뜨개 바탕과 트래블링 스티치를 각기 다른 색으로 떠보면 어떨까? 우리는 할 수 있다.

---

* 트래블링 스치티는 다른 코를 가로지르며 진행되는 뜨개 무늬를 말하는데, 보통 한 번에 한 코를 가로지르고 한 줄로 진행된다. 코가 꼬인다는 점에서 케이블 스티치와 비슷하며, 위에서 가로지르는 코는 늘 겉뜨기다.

모자로 시작해 보자. 6의 배수로 코를 잡는데, 이를테면 90코라고 하자. 혹은 96코나 102코도 괜찮다. 무늬는 예전 작품 중 질문을 많이 받았던 더스트 재킷의 무늬를 차용할 것이다. 예전에 나는 내 작품들을 손에 잡히는 대로 사진작가에게 건넸고, 그것을 자신의 작업실로 가져간 그는 놀랍게도 얼마 지나지 않아 《눈물 없는 뜨개Knitting without Tears》의 표지로 쓸 아름다운 사진과 함께 돌려주었다. 당연하게도 내가 그에게 건넨 모든 스웨터가 책에 실릴 수는 없었고, 아무도 이 일을 원망하지 않았지만, 많은 뜨개인이 표지 왼쪽 아래에 보이는 핑크-로덴그린 풀오버에 마음을 빼앗겼기 때문에 여기서 그 뜨는 법을 소개하려고 한다.

형태는 굉장히 단순하고(몸통은 직선 원통형이고 소매는 점점 좁아지는 원통형으로, 다 뜨면 그대로 코막음을 한 뒤 진동 부분과 이으면 된다) 무늬는 그보다 훨씬 더 단순하다. 모자를 뜨면서 연습해 보자.

암록색 코 세로줄이 말린 장미색 바탕 위를 두 코 간격으로 뻗어 나간다. 이 두 가지 색 코는 코줄임과 코늘림, 교차 뜨기로 구성된 단순한 기법을 한 세트로 서로에게 가까워진다.

녹색 1코, 분홍색 2코를 번갈아 뜨며 첫 단을 뜬다. 다음 단은 녹색 실로 시작하는데, 앞 단의 녹색 코와 그 왼쪽에 있는 분홍색 코를 SSK(원한다면 sl 1, K1, psso[•]) 한다. 이제 분홍색 코 하나와 녹색 코 하나가 있다. 이 두 코를 녹색 실로 함께 겉뜨기한다. 이제 녹색 코 두 개가 만들어졌고, 두 개의 분홍색 코를 없앴다. 여기서 없어진 분홍색 코는 녹색 코의 양쪽에서 감아코로 분홍색 코를 만들면서 다시 복구될 것이다. 지금까지의 설명을 정리하면, 분홍색으로 M1, 녹색으로 SSK, 녹색으로 K2tog, 분홍색으로 M1, 분홍색으로 K2가 된다. 이 단을 반복한다.

다음 단은 녹색 코 하나가 왼쪽으로 기울어진 채 녹색 코 위로 교차하게 뜬다. 바로 트래블링 스치티 또는 베이비 케이블이라고 부르는 것이다. *첫 번째 녹색 코 뒤쪽에서 두 번째 녹색 코를 겉뜨기한 뒤, 첫 번째 녹색 코를 겉뜨기한다.*을 반복한다.

녹색 코가 교차됐다. 이제 첫 번째 과정을 거꾸로 떠서 반대 방향으로 교차하게 하자 *첫 번째 교차코까지 한 코 남은 지점까지 왔으면 녹색 실로 K2tog(분홍색 코와 녹색 코를 함께) 한다. 분홍색 실로 M1을 하고(하나만), 두 번째 녹색 코와 분홍색 코를 녹색 실로 SSK 한다. 분홍색 코 2개를 겉뜨기한다. *을 반복한다. 맞다. 이렇게 하면 분홍색 코가 두 개가 아니라 하나 늘어난다. 남은 분홍색 코 하나는

• 걸러뜬 코로 덮어씌우기를 말한다.

다음 단에서 녹색 코 두 개 사이에서 늘어난다. *녹색으로 K1, 분홍색으로 K1, 분홍색으로 M1, 녹색으로 K1, 분홍색으로 K2. *을 반복한다.

코를 얼마나 자주 교차시킬지는 스스로 정하면 된다. 원한다면, 녹색 실을 왼쪽이든 오른쪽이든 한쪽 방향으로만 교차하게 떠서 우아한 다이아몬드 무늬를 만들 수도 있다.

하지만 이런 독특한 무늬에서는, 녹색 줄이 15단마다 한 번이라는 긴 간격과 3단마다 한 번이라는 짧은 간격을 두고 계속해서 교차한다. 나는 이것이 수직 격자를 만든다고 생각했는데, 이걸 보고 내 중요한 가족 구성원이 체인메일 chain mail●과 비슷하다고 해서, 이 스웨터의 최종 이름을 체인메일 스웨터로 지었다.

격자무늬가 너무 튀어 보이지 않게 할 방법이 없을까 고민하느라 스웨터를 1인치 이상 뜨지 않고 있다가 문득 배경색을 바꾸는 방법이 떠올랐다. 첫 번째 교차뜨기를 다 한 뒤, 다음 단에서 나는 말린 장미색 배경을 크랜베리 레드색으로 바꾸었다. 내 마음은 전속력으로 달리기 시작해서, 격자와 격자 사이에는 두 가지 색을 넣고, 격자 안에는 한 가지 색만 넣으면 훨씬 근사할 거라고 생각했다.

뜨개를 할 때 두 가지 색을 섞는 방법에는 몇 가지가 있

● 작은 쇠사슬을 엮어 만든 갑옷.

다. 단에 따라 색을 바꿀 수도 있고, 코에 따라 색을 바꿀 수도 있다. 또는 메리야스뜨기를 할 때 안뜨기 단만 다른 색으로 뜰 수도 있다.

　나는 세 번째 방법을 가장 좋아한다. 독창적인 방법은 아니다. 스웨덴의 보후스 스웨터에서 차용한 방법이다. 보후스 스웨터는 엄격하게 제작되고, 훌륭하게 연출된 가내수공업의 산물이다. 굉장히 정교하고 완벽한 솜씨이며, 차분한 색상의 놀랍도록 아름다운 디자인이다. 이 무늬들은 스웨덴의 여성 뜨개 장인들이 발전시킨 것으로, 몸통 부분에 베이지와 회색의 자연스러운 색상을 사용하고, 밑단과 소맷단과 요크에는 울과 앙고라가 섞인 실로 겉뜨기와 안뜨기를 모두 넣어서 작고 세밀한 무늬를 넣는다. 실과 무늬의 조화를 너무나 기가 막히게 이루어내서 카피하기가 쉽지 않을 것이다. 나는 이걸 모방할 생각이 없다는 사실을 서둘러 덧붙인다. 내가 경멸하는 것이 한 가지 있는데, 카피해서 "디자인"하거나, 심지어 다른 사람의 디자인을 각색하는 것이다. 하지만 새롭고 근사한 기법에서 영감을 받은 것이라면? 여기에 반대하지는 않는다. 상아탑 안에서만 시간을 보낸다면 우리는 멀리 가지 못할 테니까.

　나는 직접 만든 오래된 디자인을 택했다. 한 색상으로 세 코를 뜨고, 다른 색상으로 또 세 코를 뜨며, 이 순서를 엄격하게 지켜나가는 아주 단순한 무늬로 단마다 다양하게 뜰 수 있다. 나는 이 무늬를 다양한 색상으로 떴고, 여기에 규칙적인 안뜨기 무늬를 배치해 더 활기를 불어넣었다. 이렇게 무늬를 변형하면서 많은 것을 배웠다.

안뜨기를 하면 동그란 구슬이 생긴다. 우리 모두 이것이 무엇인지 안다. 하지만 다른 색으로 안뜨기를 하면 그 앞단에서 다른 색 실로 겉뜨기를 한 V 모양에 새로운 색상의 구슬이 생긴다. 따라서 같은 무늬의 코끼리 세로무늬가 생기도록 떠야 한다. 무늬색으로 한 코를 뜨고, 바탕색으로 안뜨기를 하고, 무늬색으로 다시 한 코를 뜨는 식이다. 이렇게 뜨면 무늬색이 바탕색 아래로 내려가고, 바탕색이 무늬색을 밀어 올린다. 눈치챘겠지만 말로 설명하기는 어렵다. 직접 떠보고 눈으로 확인하자. 실제로 뜨면서 색을 잘 배치하고 가끔 안뜨기를 넣어서 뜨면, 마치 세 가지 색을 동시에 쓴 것처럼 보일 것이다. 실제로는 두 가지이지만 말이다.

색을 섞으려면 무늬색을 시작하는 첫 단에 안뜨기 코(무늬색으로)를 하나 넣어야 한다.

질감을 다양하게 하려면 메리야스 조직에 안뜨기를 한 코 넣거나, 여러 코로 이루어진 안뜨기 블록을 넣자. 안뜨기 코가 세로로 이어지면 눈에 잘 안 띄지만, 가로로 이어지면 선명하게 드러난다. 색상과 질감의 차이를 잘 활용해 어떤 무늬가 나오는지 보고, 내가 뜬 무늬를 적어두자. 다 뜨고 난 뒤에 무늬만 보고서는 내 천재적인 손이 무엇을 떴는지 알아보기 쉽지 않을 때가 있다.

이런 유형의 무늬를 그릴 때 나는 색상마다 기호로 표시한다. X자나 점, 대각선 같은 기호 말이다. 특히, 바탕색이나 무늬색은 네모로 표시한다. 안뜨기 코는 사각형 안에 가로선을 그어 표시한다.

보후스에 얽힌 내 이야기의 결말은 다소 슬프다. 그 아름다운 스웨터들을 더는 갖지 못한다. 관광객이 구매하기에는 너무 비싸기 때문이다.

경제 불황기에 살림에 보태기 위해 뜨개를 했던 어부의 아내들이 다시 어려운 시기를 맞았다. 아닐 수도 있지만, 시대가 나아져서 이제 그들도 자신을 위한 뜨개를 할 수 있기를 바란다.

체인메일 모자는 잘 뜨고 있는지? 십자 무늬가 잘 나오고 있는지? 배경색은 다양해지고 있는지?

첫 번째 교차를 마치고 나서 두 번째 교차 전까지 15단을 떴다. 그리고 이 부분부터 바탕색을 다양하게 뜨기로 했다. 첫 두 단은 옅은 색으로, 다음 다섯 단은 다크레드로, 가운데 한 단은 다시 옅은 색으로, 다음 다섯 단은 다시 다크레드로, 옅은 색으로 두 단을 더. 그러면 다시 교차할 지점에 오게 된다. 바탕색을 바꿀 때, 새로운 색상이 시작되는 첫 단에서는 늘 녹색 코 사이에 안뜨기 두 코를 넣었다. 이렇게 하니 격자 안에서의 색상 전환이 자연스러웠고 색상이 바뀌는 부분에서 약간 얼룩덜룩한 느낌이 났다. 결과는 만족스러웠다. 두 번째 교차도 완성했고, 바탕색을 다크레드로 바꾸는 단에서는 똑같이 안뜨기를 추가했다. 그리고 다시 교차했다.

이제 15단 간격으로 배열된 긴 격자무늬가 가로로 늘어서 있고, 짧은 격자무늬는 중앙에 한 단 간격으로 배열되어 있다. 이제 15단과 1단이 반복되며 만드는 연속무늬를 유지하기로 하자.

내가 긴 격자를 뜰 때 약간의 변형을 줄지도 모른다고 생각한 독자가 있을 수도 있겠다. 나는 네 단만 다크레드로 뜨고 중앙의 옅은 색을 세 단씩 뜨기로 했다. 다음에 나오는 긴 격자에서는 다크레드를 세 단으로 줄이고, 중앙의 옅은 색상 구역을 다섯 단으로 늘렸다. 이 장황한 설명을 계속하기는 좀 그렇고, 그냥 스웨터 사진을 보면 안다. 보이는 것처럼 마지막 긴 격자는 다크레드가 거의 없이 끝났다. 점점 내가 가장 좋아하는 스웨터 길이인 27인치(69cm)에 가까워지면서 무늬가 균일하게 나올 수 있을까 하는 생각에 흥분이 고조되었다. 맞다. 자로 재거나 단을 세어 보면 알 수 있다. 하지만 그러면 긴장감이 없지 않은가. 나는 숨죽이며 뜨고 확인하는 쪽이 좋다.

다행히 내 자제력은 보상을 받았고, 완성된 스웨터는 정확히 26.5인치(67.3cm)였다. 어깨 부분에 작은 격자 하나를 추가할 수도 있었지만, 조금 산만하게 보일 것 같아서 그러지 않았다. 취향에 따라 추가하는 사람도 있을 것이다.

소매는 아주 재미있다.

이것은 드롭숄더이기 때문에 진동 곡선을 만들지 않고 소매 폭과 일치하도록 직선으로 떨어지는 라인으로 만들면 된다. 소매는 손목부터 시작해서 4단마다 2코 비율로 일정하게 코를 늘린다. 콧수는 몸통의 1/5인 48코다. 이렇게 하면 정확하게 8개의 격자무늬가 들어간다. (몸통은 240코이니 격자무늬 40개가 들어간다.) 4단의 격자무늬가 이제 막 시작됐다. 그래서 나는 첫 번째 격자의 양쪽에서 감아코로 1코를 늘렸다. 어느 지점까지 왔을 때 재미있는 생각이 떠올랐다. 이 첫 번째 격자무늬가 겨드랑이 부분과 정확히 맞닿도록 뜨는 것이다. 그리고 이 무늬의 양쪽에서 4단마다 2코씩 늘리며 무늬를 유지하는 것이다.

이렇게 하니 정말이지 뿌듯했다. 겨드랑이 형태가 제대

로 나왔다. 규칙적인 코늘림이 원래 있던 격자에서 또 다른 격자를 만들었다. 마치 거대한 열대 나무처럼. 모든 코늘림은 실 색상에 상관없이 감아코로 만들었다. 이건 그림으로 설명할 수 없을 테지만, 여러분은 내가 말한 대로 뜨는 게 좋을 것이다. 돋보기를 들고 사진을 보며 연구해 보길. 나는 소매 두 짝을 동시에 떴기 때문에 엄청나게 불안했고, 내 아름다운 소매가 1코 차이로 짝짝이로 떠질까 봐 몹시 걱정스러웠다.

양쪽 소매 모두 적당한 길이만큼 떴을 때(대략 18인치(46cm), 입는 사람에 따라 다르지만) 나는 격자를 떴던 녹색 실로 마무리를 하고 바닥에 펼쳐 놓았다.

바로 그때 나는 이 특별한 작업에서 "겨드랑이 솔기"라는 용어를 폐기했다. 코늘림으로 만든 이 걸작품은 겨드랑이라는 눈에 띄지 않는 곳에서 방치되는 것이 아니라, 오히려 소매 뒤쪽에서 모두가 감탄할 수 있는 훌륭한 장식이 될 것이다.

소매가 그런 비정통적인 위치에 제대로 연결될지 약간의 의구심이 들었지만(결국 그것은 약간 비스듬하게 붙기는 했다), 스팀다리미는 몇 번의 수증기로 나의 의심과 더불어 약간의 비스듬함까지 녹여주었다. 서서히 각도가 곧게 펴지면서 소매가 자리를 잡았다. 그리고 소매 뒤쪽에서는 손목에서 진동 가운데까지 코늘림이 빚어낸 우아한 선이 만들어졌다.

처음부터 의도된 디자인처럼 보일 것이라는 환상은 없지만, 진정한 뜨개인이라면 분명 눈이 빛나고 입술은 소리 없이 움직이며 손은 종이와 연필을 찾을 것이다. 그 결과가 코멘트와 질문과 아름다운 우정이 될지 누가 알겠는가.

우리는 연극을 관람하고 몇 가지 볼일을 보며 잠시 밀워키에 머무는 중이다. 이렇게 지내기에는 지방보다 대도시가 낫다. 인정하고 싶지 않지만 사실이다.

여행 중에, 적어도 내게는 중요한, 뜨개 노트를 만들었다. 마지막 날은 근처 대학에서 매년 열리는 공예 디자이너 전시회를 방문했는데, 그곳에 내가 뜬 판초도 두 벌 전시되어 있었다.

물론 나는 전시회를 아주 차분하게 즐겼다. 이 전시에서 다른 전시로 어슬렁거리기도 하고 집중해서 보기도 했는데, 늘 눈이 발보다 빨라서 "내 판초는 어디에 있지?", "내 판초 어때?"라고 묻고는 했다. 그러니까 나는 이 전시회에 아주 투박하고, 뜨개에 쏟아부은 내 딱한 노력의 면면을 보여주는 작품을 선보인 것이다.

도자기나 직물 짜기, 금속 세공처럼 꽤 인정받는 공예들 사이에서 뜨개는 대개 꿔다 놓은 보릿자루 취급을 받는다. 뜨개를 포함한 전시회는 얼마 되지도 않는다. 뜨개라고 하면 냄비 손잡이, 걸스카우트 배지, 양말, 그리고 귀엽기는 하지만 다소 조잡한 스웨터를 떠올린 지가 너무 오래됐다. 이런 인식이 대중에게, 가끔 배심원처럼 구는 그들에게 각인되어 있다. 나는 잘 디자인되고 잘 떠진 스웨터가 다른 직물들 사이에서 제대로 된 자리를 찾지 못할 이유가 없다고 생각하며, 바로 그것이 내가 지향하는 바다. 가끔은 내가 뜬 것과 비슷한 스웨터가 뜨개 잡지에 먼저 실리는 바람에 나는 잡지에 작품을 낼 자격조차 얻지 못하는 자기 함정에 빠지기도 한다. 잡지에 나온 스웨터도 내 것이라는 사실을 배심원들이 어떻게 알겠는가.

어쨌든 나는 마침내, 그리고 무심코 내가 뜬 판초를 발견했다. 아주 품격 있는 회사가 운영하는 부스에서 말이다. 나쁘지 않아 보였다. 아니, 사실은 따뜻하고, 예쁘고, 매력적으로 보였다. 묘하게 매력적이었다. 실제로 내 작품의 캡션 위에는 작고 빨간 점이 찍혀 있었다.

판매 완료!

행복한 부활절이 되기를.

체인메일 스웨터를 뜨기 위한 간결한 지침

게이지: 메리야스뜨기로 1인치에 5코, 무늬뜨기로 1인치에 6코. 모자로 게이지를 먼저 내 볼 것.

사이즈: 몸통 둘레 40인치(102cm). 1인치를 늘리거나 줄이고 싶으면 6코씩 늘리거나 줄이면 됨.

재료: 홈스펀 1ply 또는 워스티드 굵기의 실. 4온스(113g)짜리 밝은색 4타래, 어두운색 2타래, 중간색 1타래. 밝은색과 중간색은 서로 어울려야 하지만 어두운색은 상관없음. 게이지에 맞는 40cm와 60cm 줄바늘 하나씩.

밝은색 실로 60cm 줄바늘에 240코를 잡은 뒤 원통으로 연결하고 2단을 겉뜨기한다.

무늬 시작. 한 무늬는 6코 25단.

1단: K1 어두운색. K2 밝은색. 반복.

2단: SSK(부록 참조) 어두운색, K2tog 어두운색, M1 밝은색, K2 밝은색, M1 밝은색. 반복.

3단: 어두운색 코 중 두 번째 코를 K1B, 첫 번째 어두운 코를 겉뜨기한 뒤 바늘에서 빼기(교차), K4 밝은색. 반복.

4단: 어두운색 코의 1코 앞에서 어두운색으로 K2tog, M1 밝은색, SSK 어두운색, K2 밝은색. 반복. (한 무늬가 5코).

5단: K1 어두운색, K1 밝은색, M1 밝은색, K1 어두운색, K2 밝은색. 반복. (다시 6코).

6단: 1단을 반복.

7단: K1 어두운색, K2 중간색, K1 어두운색, P2 중간색. 반복.

8~11단: K1 어두운색, K2 중간색. 반복.

12단: K1 어두운색, K2 밝은색, K1 어두운색, P2 밝은색. 반복.

13~17단: 8단을 반복.

18단: 12단을 반복.

19~20단: 1단을 반복.

21~24단: 2~5단을 반복.

25단: 7단을 반복.

무늬 끝. 1단부터 반복.

긴 격자 중앙에서 밝은색 부분을 3,5,7,9단에 걸쳐 점차 넓게 뜨고, 중간색 부분을 점차 사라지게 뜰 수도 있다. 무늬를 26.5인치(67cm) 혹은 원하는 길이가 될 때까지 뜬다. 어두운색 3단으로 마무리한 뒤 코막음 한다.

소매: 40cm 줄바늘로 48코 또는 몸통의 1/5코를 잡는다. 몸통과 같은 무늬를 뜬다. 겨드랑이까지 4단마다 2코씩 늘린다. 17.5인치(44.5cm) 또는 원하는 길이가 되면 어두운색 3단으로 마무리한 뒤 코막음 한다.

소매 너비와 정확히 일치하도록 진동선을 측정하고 시침질을 한다. 재봉틀로 시침선과 편물을 함께 잡고 두 번 바느질한다. 시침질한 실을 자른다. 어깨 윗부분을 양쪽에서 각각 1/3씩 꿰맨다. 소매를 몸판의 겉면 진동선에 겹쳐 놓고 위치를 맞추어 꿰맨다. 시접을 소매 쪽으로 눌러서 안쪽에서 평평하게 감치기 한다. 목둘레의 코들을 주워 매단 2코씩 늘리면서 1.5인치(3.8cm)를 뜬다. 코막음을 하지 말고 접어서 겹단을 만든다. 소맷단과 밑단의 겹단은 모두 중간색 실로 코를 주워 안뜨기 1단, 겉뜨기 1단을 뜬다. K8, K2tog를 해 콧수를 10% 줄인다. 겹단이 1.5인치(3.8cm)만큼 떠졌으면 코막음 하지 말고 접어서 느슨하게 꿰맨다.

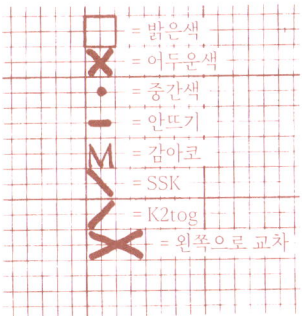

4월

미스터리 블랭킷

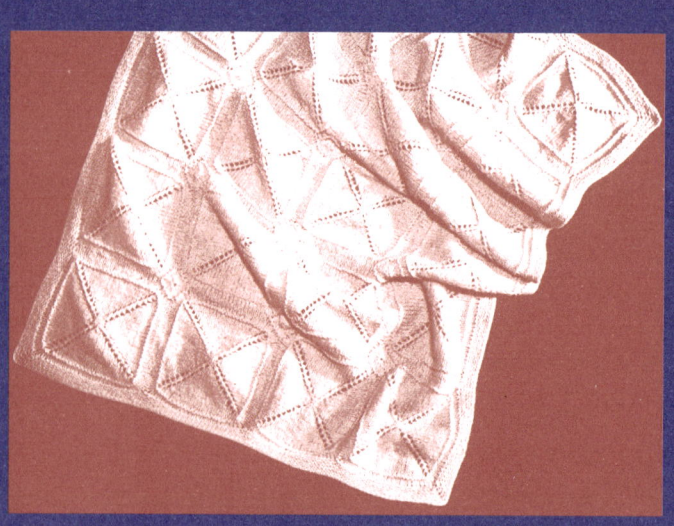

올해는 4월 초에도 여전히 눈이 보인다. 겨울과 따뜻한 울에 대한 생각을 붙잡고 있다 보면 봄은 곧 놀라운 기쁨으로 찾아올 것이라는 믿음으로 담요 도안을 만들며 나를 응원하는 중이다.

담요는 교육적이면서도 놀라운 뜨개 아이템이라는 사실이 입증되고 있다. 나는 서로 이어진 동일한 크기의 사각형 직물에 대해 오랫동안 생각해 왔다. 이를테면 나뭇잎 무늬 모티프나 안메리야스뜨기로 뜬 여러 개의 모티프, 보블스티치가 수놓아진 모티프가 들어간 그래니스퀘어 담요, 커다란 코튼 베드 스프레드까지 다양한 공예품에 관심이 있었다. 모티프 중앙에서 코잡기를 시작해 코막음을 하지 않고 두면 사각형의 네 변을 모두 연결할 수 있어 모티프가 자연스럽게 이어지는 신비한 효과를 낼 수 있겠다는 생각이 들었다. 나는 이 아이디어를 마음속에 그리며 뜰 날이 오기를 기다려왔고, 드디어 모티프가 나를 사로잡았고, 아마 당신도 나처럼 사로잡힐 것이다.

정사각형 모티프는 봄과 여름용 프로젝트에 특히 잘 어울린다. 크기가 적당한 데다, 같은 기법이 반복되기 때문에 들고 다니며 뜨기에 좋다. 처음에 서너 개를 뜨고 나면 이후부터는 뜨는 데에 완벽하게 집중하게 될 것이다. 좋은 것들이 대개 그런 것처럼. 하지만 잇기를 시작하면 주워야 할 코의 수가 고르지 않아 다소 짜증이 날 수 있고, 어쩌면 내가 뜬 게 이렇게 들쭉날쭉한 모티프였다는 사실에 배신감을 느낄지도 모른다.

뜨개에 전문가인 친구들이 "이거 어떻게 뜬 거야?"라고 물을 만한 것을 뜨고 나면 굉장히 으쓱해진다는 사실에 많은 이들이 공감할 것이다. 그러면 거만하고 만족스러운 미소를 지으며 약간 뒤로 물러나 앉아, 약간의 힌트를 제공한다. 윙크를 담아서.

그러고 보면 내 뜨개는 뜨개 친구들을 좌절시키는 데에 꽤나 집중되어 있다. 이를테면 가끔 코잡기 방법으로 코막음을 하고(부록 참조), 보이지 않는 코잡기 방식으로 코를 잡는다(역시 부록 참조). 이건 코를 주워 코막음을 하거나 반대 방향으로 떠갈 때 쓰는 방법이다. 아직 실행한 적은 없지만 늘 곰곰이 생각하는 한 가지 꾀는, 코잡기를 건너뛰는 대신 의도적으로 어설픈 코막음을 넣는 것이다. 아마도 절대 실행하지 않을 것 같다. 일부러 교묘하게 속이는 건

비윤리적이니까. 하지만 속임수를 쓰는 편이 더 예쁘게 떠진다면, 악마가 속삭이는 걸 어쩔 수는 없겠지.

내가 선택한 모티프는 굉장히 단순하다. 메리야스뜨기로 중앙에서 시작하며, 각 변에서 2단마다 2코씩 YO로 늘려나간다. 내가 뜨는 게 정교한 모티프였다면, 이를테면 매듭이나 독특한 무늬가 들어갔거나 구멍이 숭숭 뚫린 레이스 무늬였다면 아마도 나는 뜰 때마다 장식을 바꾸고 싶었을 테고, 결국에는 산만하고 삐뚤빼뚤한 모티프가 됐을 거라는 사실을 잘 안다. 이 프로젝트 역시 본질은 속도였고, 이 생각이 맞다는 사실을 확인하고 싶었다. 빨리 뜰 수 있고, 두꺼우면서도 따뜻하고 묵직한 담요를 기대하며 1인치에 3코가 들어가는 4ply 쉽스울을 선택했다.

6.5mm 장갑바늘 네 개에 8코를 만들어 시작했다(부록에서 에밀리 오커의 방법 참조). 처음 몇 단은 조금 어색했지만 2단마다 8코를 늘리는 방법으로 떠가니 어느새 32코가 되어 40cm 줄바늘에 옮겼다. 이 시점에서 단의 시작 부분에 마커를 걸었는데, 사실은 두 개를 걸었다. 하나는 안전핀 모양의 가느다란 금속 마커고, 다른 하나는 얇은 실을 동그랗게 묶어 만든 마커다. 쓰다 보니 실로 만든 마커가 마치 없는 듯 자연스러워서 안전핀 마커는 머지않아 쓰지 않게 되었다. 함정이 하나 있다면, 책을 읽으며 뜨개를 하

다가 마커에도 뜨개를 할 때가 있다는 점이다.

이렇게 말하면 놀라는 사람도 있지만, 뜨개와 독서를 동시에 하는 건 연습의 문제다. 물론 뜨개도 사랑하고 독서도 사랑해야 하지만, 두 가지를 비슷하게 사랑하는 사람이 아니라면 그냥 한 번에 한 가지씩 해도 충분하다.

아이들이 글을 읽기 전부터 우리 가족은 저녁을 먹고 난 뒤 큰소리로 책을 읽어주는 좋은 습관을 만들었다. 몇 년쯤 아이들이 원하는 책을 읽어주다가(주로 단조롭고 재미없는 이야기들이어서), 재미없는 책은 읽어주지 말자는 규칙을 만들었다. 그러고 나니 말 등의 동물 이야기나 만화, 딕과 제인이 두서없이 지껄이는 이야기는 제외됐다. 얼마 지나지 않아 아이들은 우리와 책 취향을 공유하기 시작했고, 나와 남편도, 그러니까 읽는 사람과 듣는 사람 모두 그 시간을 더 즐길 수 있게 되었다. 아동용 도서와는 거리가 멀었지만 정성스러운 낭독을 들으며 우리는 가족 모두에게 유익하면서도 재미있는 책에 빠져들 수 있었다. 가끔은 읽어주기로 한 책을 잃어버려 곤란한 적도 있었는데, 누군가가 그 책을 위층으로 몰래 가져가 다음 편을 읽으려고 했기 때문이었다.

우리가 어린이 독서 삼인방을 배출한 비결은 아무래도 이 습관 때문인 것 같다. 분명한 사실은, 부모가 책에 중독

되어 있으면 아이에게 독서 습관을 길러주기가 훨씬 쉽다는 점이다.

어쨌든 나는 몹시 지루한 책을 소리 내어 읽어주어야 할 때, 졸지 않기 위해서 낭독과 뜨개를 동시에 하는 연습을 했다. 오래 걸리지 않았다. 좋은 독자의 눈은 입보다 적어도 반 줄 앞서간다(소리 내어 읽지 않고 넘겨야 하는 부분도 있기 때문이다). 입이 눈을 따라잡는 데 걸리는 시간은 보통 코 하나를 줍는 시간, 또는 새 실을 연결하는 시간 정도면 충분했다. 더 복잡한 어려움이 발생할 때는 그냥 듣는 사람이 몇 분만 기다리면 됐다.

그러니 한번 연습해 보기를. 새로운 기술을 생각보다 빨리 습득할 수 있다. 처음에는 눈을 감고 뜨개하는 연습을 하다가 점점 책을 읽으며 뜨개를 하면 된다.

이제 40cm 줄바늘에 32코가 있다. 모티프 전체를 이 바늘로 뜨는데, 코들이 너무 뭉쳐 있다고 생각되면 60cm 줄바늘에 옮기는 게 더 쉬울지도 모른다. 이렇게 게이지가 클 때는 64코가 됐을 때 옮겨도 된다. 만약 40cm 줄바늘이 없다면 64코까지는 장갑바늘로 떠도 된다. 그럴 경우, 나는 프랑스 여성들처럼 뜨는 걸 좋아한다. 장갑바늘 다섯 개를 사용해 사각형의 각 변에 바늘이 한 개씩 걸려 있는 방식이다.

콧수를 잘 세자. 정확히 같은 콧수가 네 바늘에 골고루 나누어져야 한다. 늘림단에서는 각 바늘의 모서리 부분에서 YO를 한다. 늘리지 않는 단에서는 앞단에서 YO한 코를 평소와 다름없이 겉뜨기하자. 사각형의 모서리마다 두 개의 구멍이 생기면서 매력적인 대각선이 만들어질 것이다.

96코(네 개의 모서리 코에 의해 23코씩 나뉘어 있다)가 되었으면 나처럼 이렇게 말하자. 거의 다 된 것 같네.

그런 다음 나는 이렇게 중얼거린다. 아마 당신도 그럴 것이다. 뭐 하러 귀찮게 코늘림을 계속해? 이 정도면 충분히 큰데. 서너 단을 더 뜬 뒤 마무리하자. 늘리지 않고 떴다면 적어도 모서리가 둥근, 바람직하게 떠진 재미있는 사각형이 나왔을 것이다.

한 단을 안뜨기하며 코늘림을 마친 것을 자축했다. 네 단을 더 뜬 뒤 모든 코를 버림실에 옮겨 놓았다. 사각형을 잇기 위해 나머지 사각형들을 맹렬히 떴다. 다음은 잇기로 이어진다.

잇기

잇기를 싫어하고 두려워하는 사람이라면, 그래서 늘 다

른 사람이 대신 이어주기를 바라는 사람이라면 이제 직접 해볼 때가 왔다.

첫째, 이 담요는 생각보다 잇기를 많이 해야 한다는 사실을 명심하자. 둘째, 잇는 방법을 제대로 배웠고 끝이 뭉툭하고 커다란 돗바늘을 가지고 있다면, 뾰족한 바늘로 잇는 것보다 훨씬 재미있다는 사실을 (의심은 들겠지만) 명심하자. 한번 익히면 자랑스러워할 만한 재능이니 머뭇거릴 것 없이 배워보자. 골프나 철학, 안경을 제대로 닦는 법, 결혼식을 준비하는 일보다 훨씬 쉽다. 물론 잇기가 위에 열거한 일들보다 필요성이 덜한 건 사실이지만, 뜨개에는 자주 써먹게 되니 최소한 공들여 배울 가치가 있다. 일단 알아두면 엄청나게 쉽다는 사실을 알 것이다.

제대로 배우는 것부터 시작하자. "바늘에 걸린 코를 안뜨기 방향으로 빼낸다" 같은 지시에 따라야 하는 두 바늘에 걸린 코 잇기만 아니라면 훨씬 쉽다. 연습 삼아 샘플러 잇기를 해보자.

게이지가 큰 굵은 실로 20코를 잡는다. 더 굵은 실이 없는 게 아니라면 워스티드 실은 추천하지 않는다. 워스티드 굵기의 실로 뜨면 더 단단한 편물을 뜨고 싶어서 러그용 울실이나 러그용 코튼실을 사게 될 것이다. 4단을 가터뜨기로 뜬다(모두 겉뜨기로 뜨라는 의미다). 그런 뒤 메리야스뜨기로 바꾼다(혹시라도 모를까 봐 설명하자면 한 단은 겉뜨기, 한 단은 안뜨기이다). 가장자리를 가지런하게 뜨고 싶다면 매 단의 첫 코는 실을 쫀쫀하게 당기며 겉뜨기 방향으로 걸러뜨기 하면 된다(가장자리를 뜨는 유용한 방법을 익히게 될 것이다). 메리야스뜨기로 6단을 떴다면 실을 자르고 편물에서 바늘을 빼낸다. 그리고 다른 모티프를 뜬다. 편물이 말리지 않도록 정성스럽게 스팀한다. 이제 재봉틀로 가서 끝에서 두 단을 접어서 함께 박는다. 그러면 두 단의 느슨했던 코가 쫀쫀하게 조여진다. 어렵다면 더 여러 단을 박아도 되고, 재봉틀이 없으면 손으로 바느질을 해도 된다. 손바느질을 할 줄 모른다면 할머니나 다른 사람에게 물어보기를.

자, 한 시간도 안 걸려서 정교하고 내구성 좋고 유용한, 그리고 할머니를 졸라 완성한 잇기 샘플러가 생겼다. 뜨개 모임에 가는 틈틈이 이렇게 뜬 모티프들이 십여 장 정도 코가 살아 있는 채로 상자에 들어 있다. 각각의 모티프들은 고기를 묶을 때 쓰는 끈처럼 아주 튼튼한 실과 바늘귀가 크고 끝이 뭉툭한 돗바늘로 이을 것이다. 이 바늘은 아주 커서 손에 쥐기에 편하고 몇 코 안 떠도 금방 완성되며 실이 엉키지 않아서 좋다. 내가 돗바늘의 중요성을 충분히 강조했던가? 그랬기를 바란다.

이제 무릎이나 평평한 곳에 모티프를 놓고 코를 빠뜨리거나 건너뛰지 말고 하나씩 잇자. 아마도 잇기에 관해 여러분이 알고 있던 모든 것들이 잘 기억나지 않을 것이다. 고기 묶는 끈처럼 튼튼한 실을 바늘에 꿰는 것부터 시작한다.

무릎에 모티프 두 개를 나란히 놓는다. 매끈한 면이 위로 올라오고 코가 수평으로 서로 마주 보도록. 이제 오른쪽부터 시작한다. 돗바늘로 아래쪽 모티프(당신에게 가까운 모티프)의 첫 코에 바늘을 아래쪽으로 통과시킨 뒤, 두 번째 코에서는 위로 통과시킨다. 3인치(7.6cm) 정도 꼬리를 남긴 채 실을 끝까지 잡아당긴다. 위쪽 조각의 첫 두 코에 대해서도 똑같이 한다. 물론 꼬리는 남기지 않고. 이제 아래쪽 모티프의 두 번째 코의 아래 방향으로 바늘을 통과시킨다(마지막에 위로 통과시켰던 코). 그리고 세 번째 코에서는 위쪽으로 바늘을 통과시킨다. 위쪽 조각에서도 반복한다.

이것이 잇기다. 한 코 한 코 편물의 끝까지 이 과정을 반복한다. 코들을 잘 당기며(가끔은 느슨하게 두어야 할 때도 있다) 장력을 조절하여 뜨개 바탕과 비슷해지도록 정리하자.

이제 여러분의 솜씨에 충분히 감탄한 뒤 잇기에 사용한 실을 당겨 두 샘플러가 분리되도록 하자. 그리고 다시 이어 본다. 젊은 스페인 여성처럼 손과 바늘이 자동으로 움직일 때까지 잇고 또 잇자. 그러면 여러분은 다른 뜨개인에게 잇기를 가르칠 수 있는 강력한 위치에 있게 될 것이다.

머지않아 가터뜨기 잇기와 무늬 잇기도 해보고 싶은 마음이 스멀스멀 생길 것이다. 가터뜨기 잇기는 메리야스 편물에 연습해 볼 수 있다. 아래쪽 모티프에서는 바늘을 아래에서 위로 통과시키고, 위쪽 모티프에서는 바늘을 위에서 아래로 통과시키면 된다. 그러면 안뜨기 코로 이루어진 선 같은 모양이 생긴다. 가터뜨기 편물에 이런 선이 생겼다면, 아래쪽 모티프의 마지막 단이 안뜨기가 맞는지, 위쪽 단의 마지막 단은 겉뜨기가 맞는지 확인하자. 말로는 설명하기가 힘들다. 부록의 그림을 참고하자.

무늬를 잇는 일은 꽤 까다로울 수 있다. 두 편물의 코가 같은 방향일 때만 완벽하게 이을 수 있기 때문이다. 겉뜨기와 안뜨기 기술을 적절히 섞어야 하는데, 만약 무늬뜨기 편물을 이어 보기로 결심했다면 《메리 토마스의 뜨개책 Mary Thomas's Knitting Book》에 나오는 '고무뜨기 무늬 잇기 Grafting, ribbed' 편을 참고하자.

샘플로 연습한 뒤 여러분이 잇기에 확신을 가졌기를 바란다. 왜냐하면 모티프 네 개를 완성하고 나면 이것들이 이어진 모습이 빨리 보고 싶을 테니까. 어쨌든 나는 네 개를 뜨자마자 바로 잇기를 해봤다. 한 바늘에 걸린 19코와 다른 바늘에 걸린 19코를 이었고, 마무리를 할 때는 각 모서리에

5코를 남겼다. 그러니까 큰 사각형을 완성하기 위해 작은 사각형들을 이을 때, 그 중심에는 각 사각형의 모서리에서 5코씩 모여 총 20코가 있는 것이다. 이 코들을 네 개의 바늘에 옮긴 뒤 안뜨기로 떴다. 두 단을 겉뜨기로 뜨고서 마지막 단은 전체를 K2tog를 해 총 10코가 남게 했다. 실을 자르고 10코를 모두 돗바늘에 옮긴 뒤 마무리를 한다. 그러면 구멍 네 개가 잇기용 실과 약간의 독창성을 거쳐 깔끔하게 정리된다.

  결과는 나를 매우 기쁘게 했다. 상당한 시행착오 끝에 얻은 결과라는 사실을 덧붙여야겠지만, 이은 부분이 잘 감춰져서 사각형의 옆면을 이었다는 사실을 모른다면 뜨개 바탕의 흐름을 알아보지 못해 갸우뚱할 수도 있겠다 싶었다.

  이후부터는 빠르게 뜰 수 있게 되어 거의 자동적으로 사각형이 만들어졌다. 자리를 잡고 앉아서 떴다면 한 시간에 하나는 떴을 것이다. 크기가 10.5인치(26.7cm)여서 가로 4개, 세로 6개 총 24개의 모티프로 이루어진 담요를 만들기로 했다. 이 정도면 하루 밤낮을 쉬지 않고 뜨면 완성할 수 있다! 어렸을 때 빅토리아 시대 침대보를 뜨던 여성에 대해 들은 적이 있는데, 아내가 잠자리에서 뜨개를 시작하자 남편이 결사적으로 말렸다던가.

  물론 나는 계속해서 이어 나갔다. 또 다행인 것은, 잇기용으로 남겨 두었던 꼬리실 3인치(7.6cm)는 너무 짧으며 적어도 6인치(15cm)는 남겨야 한다는 걸 깨달았다는 것이다. (여러분도 나처럼 실 1인치마저 아까워하는지? 나는 초반에 실을 헤프게 썼다가 프로젝트가 끝날 무렵 실이 모자라는 사태가 벌어지는 건 아닌지 늘 조마조마하다.)

담요가 클수록 낮잠 잘 때 덮기 좋으니 4칸×6칸이 적당하다는 결정은 꽤 훌륭했다.

거의 순식간에 담요가 완성됐다. 15개 사각형의 작은 모서리들은 나의 크고 똑딱거리는 양말바늘 세트의 도움으로 잇기를 마쳤다.

감자수프와 사워크림으로 내게 상을 준 뒤 마지막 단계인 테두리를 떴다.

사각형의 면이 살짝 둥글었으면 했는데 실제로 그랬다. 사각형의 마지막 다섯 단은 늘림을 하지 않기 때문에 가운데 부분이 저절로 볼록하게 올라오는 경향이 있다. 그 부분을 평평하게 하면 모서리 부분이 당겨지면서 가뜩이나 쭈글쭈글하게 우는 가장자리의 곡선이 더 심해진다. 그래서 테두리 쪽 사각형은 모서리 코까지 이어주고, 한쪽 변의 코들을 한꺼번에 주워서 가터뜨기로 6단을 떴다. 모서리 부분의 모양을 살리기 위해서 각 단의 첫 코를 뜰 때 겉뜨기를 두 번 해서 한 코씩을 늘렸다. 이것은 96코로 이루어진 짧은 변 쪽을 뜬 것이다. 다음 변은 144코로 된 긴 변으로, 60cm 줄바늘 두 개로 작업하는 게 더 쉽다. (코가 빠지지 않도록 바늘 한쪽 끝에 튼튼한 고무밴드를 감았다.) 이 두 번째 변에서는 한쪽 끝에서만 한 코씩을 늘렸고, 먼저 뜬 테두리의 마지막 늘림한 코에 겉뜨기를 떴다. 세 번째 변도 마찬가지로 했고, 네 번째 변은 안쪽의 모서리 코늘림 코를 겉뜨기로 떴다. 이렇게 네 모서리가 떠졌다. 원한다면 모서리 코늘림을 따로 떠서 이어도 된다.

  코막음은? 당연한 질문이다. 물론 나는 일반 코잡기(부록 참조)처럼 보이는 코막음을 해서 코잡은 부분과 코막은 부분을 쉽게 알아볼 수 없도록 할 것이다. 그런 뒤 다림질로 스팀을 할 것이다. 테두리가 약간 당겨지기를 원했는데 이것은 일부러 그렇게 한 것이다. 블로킹을 할 때 이런 효과를 낼 수 있다. 하지만 그 반대는 어렵다. 한 번 늘어나서 쭈글쭈글해진 테두리는 다시 뜨는 것 외에 펼 방법이 없다. 잠깐은 펴진 것 같겠지만 다시 쭈글쭈글해진다.

  이 담요를 어떻게 떴는지 모르게 하고 싶다면 안뜨기 단을 생략하면 된다.

담요를 뜨기 위한 간결한 지침

사이즈: 45인치(114cm) × 66인치(168cm)

게이지: 1인치에 3코

재료: 4온스(113g)짜리 4ply 쉽스울 11타래. 40cm와 60cm 줄바늘 하나씩, 게이지에 맞는 양말바늘 한 세트.

바늘 4개에 총 8코를 잡는다. 한 단을 겉뜨기한다. 각 바늘의 첫 코에 마커를 걸고, 양 끝에서 두 단마다 한 번씩 YO를 해 코를 늘린다(2단마다 8코 늘림). 총 32코가 되면 40cm 줄바늘로 바꾸고, 64코가 되면 60cm 줄바늘로 바꾼다. 96코가 되면 늘림 없이 한 단을 안뜨기로 뜨고 네 단을 겉뜨기로 뜬다. 네 개의 버림실에 네 변의 코를 걸어둔다. 사각형을 24개 뜬 뒤, 사각형 옆변의 중심 19코를 잇는다. (담요의 가장자리에 놓이는 사각형을 이을 때는 모서리 부분까지 쭉 잇는다.) 네 모서리가 만나는 부분에서는 20코를 줍는다. 안뜨기 한 단, 겉뜨기 두 단, K2tog 한 단. 남은 10코에 실을 통과시킨 뒤 당겨서 마무리한다. 이것을 반복하여 15개의 작은 사각형 잇기를 한다.

테두리: 한 변의 코를 주워서 가터뜨기로 6이랑을 뜬다. 모서리 모양을 살리기 위해 첫 코를 뜰 때 1코를 늘린다. 다

른 세 변에 이것을 반복. 모서리를 잇는다.

블로킹을 하고, 담요 밑으로 살금살금 들어가 고생한 만큼 낮잠을 잔다.

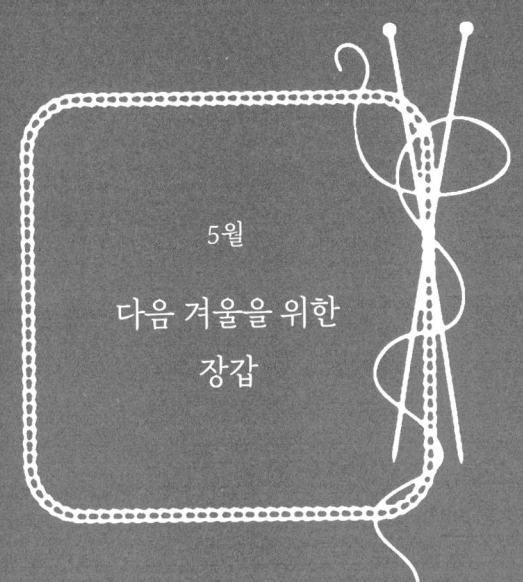

5월

다음 겨울을 위한
장갑

장갑을 뜰 때는 서두르지 않는 편이 좋다. 눈발이 날리는 추운 날씨에 꽁꽁 얼어붙은 작은 손을 녹이고 싶을 때 급하게 장갑을 뜨면, 콧수를 줄이게 되거나 손목을 너무 짧게 뜨거나 하는 바람에 모양만 그럴듯한 아주 엉망인 장갑이 나올 가능성이 있다. 그렇게 되면 필요에 맞는 장갑이 나올 때까지 여러 켤레를 뜨게 될 테고, 그 과정이 즐겁지만은 않을 것이다.

그러니 장갑은 5월에 뜨자. 시간을 갖고 여유롭게 뜨자. 새로운 접근법과 디자인에 도전하고, 그것을 즐기자. 뜨개를 안 하고는 못 사는 이들에게 더운 날씨는 방해 요소가 아니다. 큰 프로젝트를 무릎에 올려놓고 뜨려면 무겁고 더울 수 있겠지만, 장갑이나 양말처럼 작은 것들은 야외에 가지고 다니며 뜨기도 쉽고 엄청나게 빨리 완성할 수 있다. 완성한 후에는 잘 보관하고 있다가 때가 되면, 이를테면 내년 겨울 즈음에, 마음껏 착용하면 된다.

장갑은 낄수록 느슨해진다는 슬픈 사실을 기억하자. 작

은 사이즈는 특히 그렇다. 그러니 오른손과 왼손을 바꿔 낄 수 있도록 만들자. 엄지손가락이 손바닥이 아니라 장갑 옆면에서 튀어나오도록 뜨면 왼손과 오른손을 바꿔 끼는 데에 문제가 없다. 이렇게 하면 줄임단에 올 때까지 엄지손가락이 어디에서 나오게 해야 할지 고민하며 뜨지 않아도 되고, 왼쪽과 오른쪽이 똑같은 장갑을 만들 수 있다. 장갑 세 개를 한 세트로 선물하는 다정함과 선견지명이 있다면, 처음 하나를 잃어버려도 문제 될 게 없다.

아동용 장갑 중에는 대바늘이나 코바늘로 뜬 끈으로 장갑 양쪽을 연결해서 겨울 점퍼 소매 안으로 끈이 통과하게 만든 것도 있다. 이 장갑은 무심코 장갑을 벗어 두어도 아이들의 목에 여전히 매달려 있다. 탯줄 같기도 한 이 끈은 아이가 유치원에 들어가면 가장 먼저 없애는 것 중 하나다.

아기용 장갑에 대해서는 안달할 일이 없다. 스웨터 커프와 연결된 끈이 손에 단단하게 묶여 있어 아기들을 따뜻하게 해줄 테니까. 끈에 집중된 아기들의 신경을 다른 곳으로 돌리고 싶다면, 거기에 방울을 달아주면 된다.

아이들 장갑은 너무 쫀쫀하게 뜨지 말자. 쫀쫀한 뜨개는 유연성도 없고 뻣뻣하다. 느슨하게 뜨면 손에도 더 잘 맞고 그만큼 따뜻하다. 1인치에 5코가 들어가게만 떠도 조직감은 충분하다.

장갑 손목은 반드시 넉넉하게 길어야 한다. 장갑을 끼다 보면 손바닥이 접혀 오그라들게 되므로 손목 부분이 점점 짧아진다. 나는 요즘 장갑 손목을 코트나 재킷의 소맷부리를 다 덮을 만큼 크게 뜨는 걸 연구하고 있다. 장갑 손목이 코트 소매 안으로 들어가는 것에 비해 코트의 소맷부리를 덮는 것을 상상해 보면, 추운 날씨에는 후자가 얼마나 따뜻할지 여러분도 공감할 것이다.

봄을 실컷 즐긴 게 언제였는지 모르겠다. 겨울은 길고 힘들어서 더디 지나가는 것 같기도 하다. 지난주에 우리는 킹컵 늪에 가서 꽃봉오리가 많아 보이는 풀포기를 캤다. 노란 테두리가 둘러진 스프 그릇에 담아서 처음에는 현관 밖에 두었다. 서식지로부터 멀어지는 것에 익숙해지도록. 그러다가 집안으로 들여왔는데, 오늘 보니 블레이징 옐로우 빛깔의 꽃들이 눈부시게 피어 있다. 다른 것이 이런 빛깔을 띠었어도 이렇게 예뻐 보였을까.

장갑을 뜰 실을 고를 때에도 색상을 고려해야 할 텐데, 색은 매우 주관적인 문제이며 취향에 따라 무한히 달라질 수 있다. 동물은 색을 인식하지 못한다고 말하는 이도 있다. (그걸 어떻게 알아냈을까?) 색맹인 사람도 있다. 그들은 무엇을 볼까? 색맹의 정도가 다른데, 우리가 보는 색과 별 차이가 없을 수도 있을까? 만약 다른 사람의 눈을 통해 잔디를 본다면 어쩌면 그건 파랗게 보일지도 모른다. 아니면 초록빛을 띤 회색일 수도. 누군가는 늘 잔디를 파란색이나 회색으로 보아 왔지만, 그 색의 이름이 초록색이라고 배웠을 뿐인지도 모른다. 초록색을 밝고 약간 뿌옇기도 하면서 풍부하고 눈을 진정시키는 색으로 묘사하도록 배웠을지도. 색을 어떻게 설명하는지가 색에 대한 선호를 보여준다. 나는 왜 빨간색을 사랑할까? 왜 다른 사람들은 밝은 보라색을 좋아할까? 사실은 같은 색을 보고 있는데 다르게 설명하고 있는 것은 아닐까?

대부분의 사람은 운 좋게도 자신에게 가장 잘 어울리는 색을 좋아하지만, 파란 눈을 가진 어떤 사람들은 어릴 때 너무 눈 색깔에 맞는 옷만 입어 온 바람에 파란색에 질리기도 한다.

연관성의 문제도 있다. 몇 년 동안 나는 보라색을 싫어했다. 왜냐하면, 내가 가진 축 늘어지고 뚱뚱해 보이는 낡은 코트의 색이 보라색이었기 때문이다. 살몬 핑크색은 저렴한 속옷에서 자주 보이는 색이라 예전에는 싫어했지만, 훈제 연어는 분명 맛있고 제라늄과 지니아 중에도 살몬 핑크색이 있다. 사실 꽃이라면 어떤 색이든 좋아한다.

장갑을 뜨면서 색상 감각을 익히고 그것을 확장해 보자.

독특한 색상을 조합해 그 결과가 마음에 드는지 보자. 자투리 실을 동원해 줄무늬나 배색 무늬를 넣어 보자.

네 개의 바늘로 배색 무늬가 있는 장갑을 뜰 때는 평소보다 몇 코를 더 잡자. 원통으로 무늬를 뜨기가 어려울 수도 있고 느슨하게 뜨는 게 잘 안 될 수도 있기 때문이다. 초보자라면 바늘이 바뀌는 부분에서 세로줄이 생길 수도 있다. 바늘이 바뀌는 첫 코를 뜰 때 실을 잘 당기면 이 문제를 해결할 수 있다. 그러나 배색 무늬 장갑이나 스타킹을 뜰 때 이렇게 하면 팽팽하게 당겨진 채로 떠지는 사태를 피할 수 없을 것이다. 걱정할 필요 없다. 코를 더 많이 만들면 된다. 같은 이유로 배색 무늬 장갑은 크게 떠야 한다. 신축성이 적기 때문이다. 꽉 끼는 장갑보다 끔찍한 것은 없다.

노르웨지안 장갑을 뜨는 것은 재미있지만 약간의 계획이 필요하다. 장갑을 얼마나 여유 있게 뜰지 정해야 한다. 보통은 50~60코를 잡는데, 이건 어떤 실을 사용하는가에 달려 있다. 손바닥과 손등 사이에 세로줄이 나오도록 양쪽에서 각각 세 코씩을 배정하자. 첫 코와 세 번째 코는 무늬색으로 뜨고, 가운데 코는 바탕색과 무늬색을 번갈아 뜨면 예쁘다. 이렇게 하면 좁은 사다리 모양의 줄무늬가 나타나는데, 원한다면 줄무늬를 다양하게 만들 수도 있다.

56코 장갑을 뜬다면 손바닥과 손등에 각각 25코가 있어야 한다. 손바닥에는 보통 반복되는 작은 무늬를 넣는데, 이는 엄지손가락을 만들기에 적합하다(이런 종류의 장갑에서는 엄지가 측면에서 튀어나오면 안 된다). 나는 손목이 끝난 직후에 엄지손가락을 만드는 것을 좋아한다. 엄지손가락을 시작하기 위해서 먼저 두 코를 선택하자. 보통은 세로줄 바로 옆에 있는 코나 거기서 한두 코 떨어진 코를 선택한다.

M1 방법으로 세 단마다 두 코를 늘린다. 두 단이나 네 단마다 두 코를 늘릴 수도 있다. 어떤 방법으로든 10코가 증가했다면 (전체 56코 중 약 1/5) 엄지손가락 시작 부분에 올 때까지 그대로 떠간다. 그 10코에 대해 '엄지손가락 트릭'(부록 참조)을 적용해 뜬 뒤, 네 손가락 끝부분에 올 때까지 그대로 떠간다. 손가락 끝부분에 왔다. 나는 매 단마다 4코의 속도로 빠르게 코를 줄이고 싶다. 8코가 남을 만큼 뾰족해질 때까지 줄인 뒤에 코에 실을 당겨 마무리한다. 줄일 때는 측면의 세로줄을 이용한다. 그러니까, 세로줄 1코 앞에서 K2tog, K1, SSK를 한다.

손목 무늬는 장갑의 손등 부분과 다를 때가 많으며, 눈에 띄게 대조적인 무늬를 넣을 수도 있다. 이를테면 손등에 눈꽃 무늬를 넣었다면 손목에는 우아한 소용돌이무늬를 넣을 수도 있다. 이 의외의 조합이 장갑의 소박한 멋을 강조한다. 나는 특별한 테두리를 넣어 이 장갑의 특징을 강조하기로 했다. 다음과 같이 뜬다.

아이코드 테두리

아이코드(부록 참조) 한 줄을 장갑 테두리에 두를 수 있을 정도로 길게 뜬다. 그러니까 코를 잡은 후 원하는 길이가 될 때까지 많은 단을 떠야 한다는 뜻이다(손 부분보다 손목 부분의 콧수가 약간 더 많다면 잘 뜬 것이다. 손목이 잘 펼쳐질 테니까. 손목을 다 뜨면 손바닥 쪽에서 코를 줄인다). 아이코드를 뜰 때는 선명한 색상의 실을 선택하자. 전통적인 무늬의 장갑은 보통 크림색과 오트밀 색 또는 검은색과 흰색 조합이니 어떤 색을 골라도 대조적으로 보일 것이다. 이렇게 뜬 아이코드의 시작과 끝부분이 꼬이지 않도록 잘 연결하자. 잇기를 해도 된다. 그런 다음 장갑바늘을 이용해 대조되는 색상의 실로 아이코드의 각 단마다 코를 주운 뒤, 대조되는 색상의 실로 한 단을 안뜨기한다. (이 기술은 내가 1년 전에 unvent한 것인데 테두리를 뜰 때 유용하다. 그러니 지루하고 얌전하기만 한 가터뜨기나 단조로운 고무뜨기만 고집할 필요는 없다.)

장갑의 손등 부분에 넣을 수 있는 무늬는 많다. 모눈종이, 연필, 그리고 (마땅히 필요한) 큰 지우개만 있으면 재미있는 시간을 보낼 수 있다. 가로 25칸, 세로 50칸 정도의 모눈종이에 표시하면서 (어떤 무늬든) 그려보자. 대부분의 무늬는 홀수 코로 이루어져 있으니, 중심선에 홀수 코를 맞춘다. 이렇게 하면 디자인을 쉽게 할 수 있다. 중심선을 기준으로 양쪽이 거울에 비춘 것처럼 똑같은 무늬가 되기 때문에 한쪽만 디자인하면 된다. 별이나 수사슴, 크로스 스키, 또는 원이나 다이아몬드 같은 기하학적 형태의 무늬로 시작해 보자. 일단 무늬를 배치했으면 실이 너무 멀리 건너지 않도록 한 가지 색의 실을 다섯 코 이상 떨어지게 하지 말자. 면적이 클 때는 작은 무늬나 소용돌이무늬 여러 개로 채울 수도 있고, 가끔은 1코 배색 무늬(점박이 무늬)로 채울 수도 있다.

　장갑의 폭이 점점 좁아지는 부분에서는 메인 무늬를 연속해서 뜰 수도 있고, 그럴 때 속임수를 쓸 수도 있다. 때로는 약간의 현명한 부정행위가 허용될 때도 있으니까. 나는 배색 무늬를 뜰 때 실을 다섯 코 이상 건너게 하면 안 된다고 말해 왔지만, 행여 여러분이 실을 다섯 코 이상 건너게 뜨더라도, 그래서 실이 늘어질까 봐 편물 안쪽에서 실을 꼬더라도, 여러분 외에 이 사실을 알 사람은 없다. 이 장갑은 가보로 물려주기 위해 뜨는 것이 아니라 여러분이 직접 사용하기 위해 뜨는 것이다. 하지만 누군가 이런 내용을 글로 적어달라고 하면, 절대로 내가 이렇게 하라고 했다고 말하지는 말기를. 다만 이렇게 하면 초보자들도 뜨개에 참여하기가 더 수월해진다. 무엇보다 배색 무늬의 전통을 고수하는 것은 매우 재미있고, 다른 무늬에도 쉽게 도전할 수 있게 해준다.

위 내용 중 대부분이 크로스컨트리 스키 무늬가 들어간 노르웨지안 스타킹을 뜰 때도 적용된다. 이 스포츠가 미국에 상륙한다면, 여러분은 크로스컨트리 광팬을 위한 훌륭한 크리스마스 선물을 뜰 수 있게 될 것이다.

오늘은 뜨갯거리를 들고 강가로 나갔다. 낚시 시즌이기 때문이다. 우리는 40에이커 정도 되는 움푹 파인 땅과 삼림 지대를 가지고 있는데, 낚시 포인트 지점에서 조금씩 넓어지는 옐로우 리버 덕분에 땅이 정확하게 둘로 나뉘어 낚시터로 좋다. 이 땅을 샀을 때 우리는 "봐! 우리만의 낚시터야!"라며 기대를 했다. 우리는 곧 그곳이 다른 사람들도 오는 낚시터라는 사실을 알게 되었고, 그들이 대대손손 이곳에서 낚시를 즐겨왔다는 사실도 알게 되었다. 상황이 달라진 것이다. 우리는 영원히 여기에 살 테지만 사생활이 그리웠다. 근처에 사는 이웃 둘이 자기들 땅에 출입금지 팻말을 내건 뒤에도 우리 땅은 여전히 모순 속에 남아 있었다. 그러다 마침 정부가 댐을 짓는다며 호수를 가로막아 상류에서 불과 몇 마일 떨어진 곳에 물고기가 모이게 됐다. (그러자 물고기 수가 확보된 무질서한 낚시터가 되고 말았다.) 정부 덕분에 사람들은 이곳에 주차를 하고, 낚시를 하고, 소풍을 하며 흥청망청 놀았다.

결국 우리도 표지판을 걸었다. 손글씨로 "무단출입 금지"와 "낚시 금지"라고 적은 표지판이었다. 그렇게 불편한 일은 잦아들었다. 하지만 머지않아 우리가 한 행동이 끔찍하게 느껴졌고, 결국 한발 물러나 다시 '불편함'을 기다리게 되었다.

얼마 뒤 우리는 기분 좋은 놀라움을 경험했다. 사람들의 반응은 세심하고 친절했으며, 누구도 우리에게 항의하지 않았다. 어떤 사람들은 왜 그렇게 오래 참았느냐고 묻기도 했다. 가장 고개가 끄덕여지는 말은 "몇몇 사람들이 이곳을 망친 것 같아요, 그렇지 않나요?"였다. 내 말이. 우리는 평화와 고요함을 지나치게 앞세웠고, 선량한 이웃들의 태도는 죄책감과 욕심, 이기심으로 인해 느꼈던 우리의 고통을 녹여주기에 충분했다.

"낚시하세요"라고 쓴 팻말을 세우고 싶은 마음을 억누르기는 참으로 쉽지 않았으나, 결국 참기를 잘했다 싶었다.

내가 소유한 강변에 홀로 앉아 장갑을 뜰 혁신적인 방법을 생각하는 시간은 너무나 즐거웠기 때문이다.

새로운 각도에서 장갑에 접근해 보자는 결정이 아니었다면 애초에 무엇이 나를 움직이게 했는지 기억이 나지 않는다. 어쨌든 나는 장갑에 모서리를 더해 활기를 불어넣기로 했다. 마이터링mitering˙ 기법은 오래전부터 사랑받아 온 아프간 지그재그 무늬다. 특정 지점에서 주기적으로 콧수를 줄이고 같은 지점에서 콧수를 늘이는 방법을 번갈아 사용하면 콧수가 동일하게 유지되면서 위아래로 지그재그 무늬가 나온다. 두 코씩 줄이면 지그재그 무늬가 아래로 뾰족해지고 두 코씩 늘리면 지그재그가 위로 뾰족해진다.

만약 내가 장갑 전체를 마이터링 원리로 구성해서 두 코씩 위를 향하고 두 코씩 아래를 향하도록 하는 네 개의 마이터링을 사용했다면, 아래로 뾰족한 무늬를 장갑의 앞과 뒤에 배치해 우아하게 보이게 했을 것이다. 코를 줄여야 할 뾰족한 지점에 왔을 때 마이터 무늬에 무슨 일이 벌어질지는 아무도 모른다.

1인치에 4.5코가 들어가는 실로 내가 잡은 것처럼 36코

˙ 가터뜨기 편물의 중앙에서 코를 줄이면서 뜨면, 코줄임 선을 기준으로 편물의 양쪽이 사선을 이루며 대칭이 되는데 이를 마이터(miter)라고 하고, 이렇게 뜨는 기법을 마이터링이라고 한다.

를 잡거나 혹은 그보다 1/3이 많은 48코를 잡는다. 이것은 마이터의 구조 때문이다. 나는 5단을 1코 고무뜨기로 떴지만, 무늬가 있는 장갑처럼 아이코드 테두리로 쉽게 시작할 수도 있다.

  네 개의 바늘에 48코가 걸려 있고, 다섯 번째 바늘로 뜨개를 할 것이다. 지그재그 무늬가 네 번 반복되므로 무늬당 한 바늘에 걸고 뜨면 딱 떨어진다. 지그재그 무늬가 바로 시작된다. 앞뒤에서 2번 코를 줄이고, 측면에서 2번 코를 늘린다. 나는 쉽게 뜨려고 네 바늘 끝에 반쪽짜리 마이터 무늬가 오게 배치했다. 그래서 첫 번째 바늘에서는 첫 코를 뜬 직후에 코늘림을 했고, 마지막 2코는 함께 겉뜨기했다. 두 번째 바늘에서는 첫 코에 바로 코늘림을 했고, 마지막에서도 바늘 끝으로부터 한 코를 남겨 두고서 한 코를 늘렸다. 나머지 두 바늘에서도 반복하자.

  두 번째 단에서는 모양을 생각하지 않고 떠간다.

  아름다운 지그재그 무늬가 모습을 드러내고 있다.

  장갑을 뜰 때 엄지손가락을 어떻게 해야 하는가에 관해서는 고민이 참 많다. 엄지손가락이 제자리가 아닌 곳에 자리 잡은 것은 아닐까? 나는 엄지손가락 트릭(부록 참조)을 45도 각도로 뜨고 싶었고, 필요시에는 고무뜨기도 마다하지 않았다. 그러자 기분 좋은 놀라움이 나를 기다리고 있었다. 코를 주워 엄지손가락을 다 뜨고 나니 정확히 내가 상상한 모습이 구현되어 있었기 때문이다. 손바닥을 가로질러 가만히 접혀 있는, 해부학적으로 더할 나위 없는 곳에 자리한 엄지손가락 말이다.

힘을 얻은 나는 장갑 끝부분을 떠갔다. 이렇게 간단한데 전에 떠본 적이 없다는 사실이 믿기지 않았다. 측면에서 하던 코늘림을 하지 않고, 8코가 남을 때까지 장갑의 앞뒤에서 계속 코를 줄였다. 나는 고지식한 데다 잇는 것을 좋아하기 때문에 잇기 방법으로 이었지만, 여러분은 남은 코에 실을 통과시킨 뒤 당겨서 마무리해도 된다.

이것이 내가 처음으로 뜬 지그재그 무늬 장갑이다. 이 장갑을 뜬 후로 나는 엄지손가락 트릭을 사용해 장갑 뜨는 걸 싫어하지 않게 되었다. 장갑을 뜨는데 아직 엄지손가락을 뜨지 않은 상태라면, 한번 착용해 본 뒤에 엄지손가락 만들 부분의 가운데 코 하나를 싹둑 자르자. 그런 뒤 양옆으로 총 15코를 푼다. 그 코에 바늘을 걸고 엄지손가락을 뜬다. (부록 '나중에 생각하는 주머니' 참조)

조금 다르게 뜨고 싶다면, 혹은 이 장갑이 너무 직선 형태라고 느낀다면 손목 부분에 형태를 주는 방법이 있다. 4코 혹은 8코 많게 시작한다. 손목 부분에 오면 코늘림을 한두 단 생략한다. 이렇게 하면 손목 부분에서 조여지는 형태의 장갑이 된다. 아니면 짧은 줄을 만들거나 아이코드를 만든 뒤 당겨서 손등 쪽에 매듭이나 리본으로 묶어도 된다.

자투리 실도 아끼는 사람에게 신이 주는 장갑이랄까.

노르웨지안 장갑 무늬 도안

노르웨지안 장갑을
뜨기 위한 간결한 지침

노르웨지안 장갑은 커야 한다.

사이즈: 길이 12인치(30cm), 손둘레 9인치(23cm)

게이지: 1인치에 6코

재료: 4온스(113g)짜리 2ply 쉽스울 바탕색과 무늬색. 또는 정확한 게이지를 제공하는 울실. 게이지에 맞는 9인치(23cm) 양말바늘 1세트.

54코로 고무단 5단을 뜨거나 아이코드를 뜬다. 바탕색으로 3단을 겉뜨기한 뒤 손목 무늬를 뜬다. 바탕색으로 겉뜨기 3단을 뜨고, 무늬색으로 겉뜨기 1단과 안뜨기 1단을 뜬다. 바탕색으로 겉뜨기 3단을 뜨고 K2tog를 8번 해서 46코를 만든다. 무늬색으로 겉뜨기 1단, 색상을 교차해서 1단, 다시 무늬색으로 1단.

이제 무늬를 뜬다. 손등에 커다란 무늬가 있고 손바닥에는 작은 무늬가 있으며, 측면에는 중간무늬가 세 줄 있다. 손바닥에서 엄지손가락 만들 자리에 2코를 표시하고, 그 2코 사이에서 3단마다 2코를 늘린다. 10코가 되면 손목에서부터 3인치(7.6cm) 길이까지 떠 올라간다. 10코에 대해서 엄지손가락 트릭을 사용한다(부록 참조). 총 길이가 4인치 (10cm)가 될 때까지 나머지 손가락이 들어갈 부분을 뜬다. 새끼손가락 끝부분에 오면 3줄로 이루어진 중간무늬의 양 옆에서 매 단마다 1코씩을 줄여 8코나 4코가 될 때까지 뜬다. 실을 당겨 마무리한다. 엄지손가락은 20코를 15단 뜬다. 모든 코를 실에 통과시킨 뒤 당겨서 마무리한다.

지그재그 무늬 장갑을 뜨기 위한 간결한 지침

사이즈: 손둘레 8인치(20cm) 평균 크기 성인용

게이지: 1인치에 4.5코

재료: 4온스(113g)짜리 3ply 쉽스울 1타래. 또는 게이지에 맞는 실. 게이지에 맞는 굵기의 다섯 개로 이루어진 양말바늘 한 세트.

48코를 잡는다. 원통으로 잇고 고무단을 5단 뜨거나 아이코드 테두리를 만든다. 네 바늘에 12코씩을 분배한 뒤 다섯 번째 바늘로 뜬다.

*첫 번째 바늘: K1, 감아코 1, 마지막 2코 남을 때까지 K, K2tog.

두 번째 바늘: SSK, 마지막 한 코 남을 때까지 K, M1, K1.

세 번째 및 네 번째 바늘: 첫 번째와 두 번째 바늘을 반복. 한 단을 K. *부터를 반복한다.

새끼손가락 끝에 닿을 만큼 충분한 길이가 될 때까지, 혹은 9.5인치(24cm)가 될 때까지 계속 뜬다. 감아코로 코늘리기를 생략한 채 8코가 남을 때까지 계속 뜬다. 실을 통과시킨 뒤 당겨 마무리한다.

엄지손가락을 만들 곳에서 1코를 자른 뒤 양쪽으로 코를 풀어서 15코를 확보하고, 세 바늘에 코를 분배해 15단을 뜬 뒤 마무리한다. 풀려나온 실로 엄지손가락 모서리 부분을 정리한다.

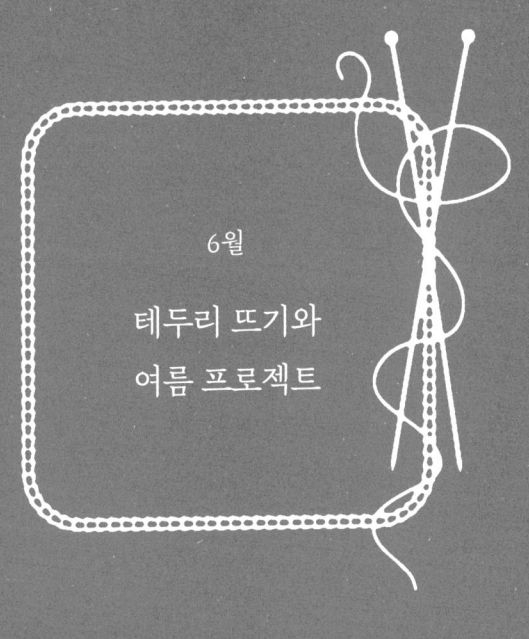

6월

테두리 뜨기와
여름 프로젝트

                        나는 대바늘로 뜬 카디건에 코바늘로 테두리를 두르는 것을 개인적으로 절대 찬성하지 않지만, 전문적인 솜씨로 기꺼이 코바늘 테두리를 만드는 사람의 마음까지 바꿀 생각은 없다.

  코바늘뜨기를 (적어도 지금은) 하지 않지만 앞으로 어떻게 될지 누가 알까. 나는 코바늘로도 이것저것 꽤 잘 만드는 편이다. 다만 즐기지는 않을 뿐이고, 대바늘에 비해 코바늘 편물 모양을 그다지 좋아하지 않는다. 물론 코바늘 편물 중에도 가지런하고 따뜻하고 예뻐 보이는 것도 있고, 요즘은 꽤 유행하고 있기는 하지만 말이다.

  와인과 맥주를 섞어 마시지 말라는 말이 있는데, 나는 이것을 뜨개로 가져와서 대바늘과 코바늘을 섞지 말라는 격언으로 받아들였고, 지금까지 고수하고 있다. 대바늘 편물에 코바늘 테두리를 두르는 것은 무언가 나를 불편하게 한다(다시 말하지만 어디까지나 개인적인 생각이다). 왜냐하면 대바늘로도 근사하게 뜰 수 있는 테두리가 있고, 한 프로젝트 안에 너무 많은 기법을 넣고 싶지가 않기 때문이다. 여러분은 내가 일관성이 없다는 사실을 눈치챘을 것이다. 나는 대바늘로 뜬 테두리가 들어간 트위드 재킷을 몹시 사랑하고 감탄하기까지 한다. 가죽으로 테두리를 두른 트위드 재킷도 본 적이 있고, 반대로 가죽 재킷의 테두리를 트위드로 두른 것도 있었으니까. 나는 그저 코바늘에 대해 수준 낮은 편견과 우월의식을 가지고 있는 것 같다.

하지만 많은 대바늘 뜨개인들이 코바늘에는 그다지 전문적이지 않다는 사실을 인정할 것이고, 나는 그런 이들을 위해 가터뜨기로 만든 테두리를 아주 전문적으로 보이게 하는 몇 가지 요령을 제시하려고 한다.

먼저 몸판 테두리를 뜰 때는 몸판 바늘보다 굵기가 가는 바늘을 사용하고, 만약 없다면 최대한 쫀쫀하게 뜬다. 편물의 단과 맞아떨어지도록 코를 주워야 테두리가 울거나 당겨지지 않는다. 메리야스뜨기 카디건이라면 세 단마다 두 코를 줍는 것이 규칙이다. 그러니 첫 두 단에서는 한 코씩을 줍고, 세 번째 단은 넘어가기를 반복하자. 단, 목 앞과 목 뒤에서 코를 주울 때는 한 코에 하나씩 주워야 한다. 비교적 길이가 짧은 옆 목 부분에서 코를 주울 때 최선의 방법은 '세 단에 두 코 줍기' 원리를 고수하는 것이다. 양쪽에서 주운 코의 수가 일치하도록 줍자.

가터뜨기 재킷에 가터뜨기 테두리를 두른다면, 두 단마다 한 코씩 주우면 된다. 그러니까 이랑마다 한 코를 주우라는 뜻이다.

테두리는 원하는 만큼 넓게 뜨자. 취향에 따라 얼마나 넓게 뜰지, 만약 좁게 뜰 생각이라면 내가 뜬 스웨터에 맞춰 얼마나 좁게 뜰지 결정하자. 테두리를 넓게 뜨는 것은 스웨터의 폭을 결정할 때 내가 판단 오류를 범했다는 사실을 감추기에도 아주 좋은 방법이다! 코바늘로 뜬 것처럼 좁은 테두리가 좋다면 두세 단을 뜨고 바로 코막음을 하면 된다. 하지만 그렇게 좁은 테두리는 메리야스뜨기 편물이 말리는 것을 방지하지는 못한다는 사실을 기억해 두자.

단색 카디건이라면 테두리는 다른 색으로 뜨고 싶을 수 있다. 실 색을 바꿀 때는 겉면에서 바꿔야 한다는 사실을 항상 기억하자. 앞목 모서리에서 코늘림 하는 것과, 스퀘어 넥의 안쪽 모서리에서 코줄임 하는 것도 잊지 말자. 코늘림과 코줄임 비율은 두 단마다 2코, 즉 모서리 양옆에서 1코씩이다.

내 친구 필리스는 목 부분 모서리 코를 메리야스뜨기로 뜨는 걸 좋아해서 앞면에서는 겉뜨기, 뒷면에서는 안뜨기를 하는데 정말이지 근사하다. 똑똑한 바버라 워커는 목 안쪽 모서리를 줄일 때, 두 코를 겉뜨기하듯이 걸러뜬 다음 겉뜨기를 한 코 하고, 걸러뜬 두 코로 겉뜨기 코를 덮어씌운다.

뒷목은 가끔 늘어나서 형태가 망가질 때가 있는데, 이럴 때 코줄임을 하면서 테두리를 넣으면 제대로 된 형태가 된다. 테두리가 절반쯤 떠졌으면 급격하게 코를 줄여야 한다. 뒷목을 얼마나 넓게 뜰지 측정하자. 보통은 5~6인치다. 그런 뒤에 뜨고 있는 편물을 적당하게 늘려서 5인치(12.7cm)나 6인치(15cm)를 이루는 콧수를 센다. 그게 뒷목 가장자리의 콧수다. 이 콧수가 될 때까지 균등하게 줄이면 된다. 뒷목에서는 너무 쫀쫀하게 코막음을 하면 안 된다.

테두리 코막음은 조금 까다로운데, 쫀쫀한 것보다야 느슨한 게 낫지만 가장 좋은 건 적당한 장력으로 코막음 하는 것이다. 이상적인 코막음을 할 수 있게 될 때까지 풀고 뜨기를 반복하며 계속 연습하자. 가터뜨기 테두리에서는 겉면에서 안뜨기 방향으로 코막음을 하거나 부록을 참조해 내가 개발한 두 가지 코막음 방법 중 하나를 해보자.

가터뜨기가 훌륭하기는 하지만 테두리를 꼭 가터 무늬로 둘러야 하는 것은 아니다. 멍석뜨기도 꽤 단단해 보이고, 모서리 부분의 중앙을 맞추는 데에 예민한 사람이라면 고무뜨기도 괜찮다. 하지만 어떤 기법으로 뜨든 메리야스나 안메리야스 편물은 말린다는 사실을 알아두자. 말리는 효과를 의도한 게 아니라면 말이다.

내가 가진 또 다른 편견은 리본이 달린 카디건을 마땅치 않아 한다는 것이다. 리본은 세탁하고 나면 줄어들 때가 있다. 물론 스웨터도 줄어들지만, 리본은 울보다 세탁이 더 까다로워서 문질러 빨면 아주 극악한 결과를 맞이하게 된다. 테두리에 리본을 다는 것은 전문가에게 맡겨야 한다. 다른 사람에게 맡기려면 돈을 내야 하고, 심지어는 완성까지 며칠을 기다려야 한다. 하지만 일단 맡기면 좋다.

재봉틀로 만든 단춧구멍에도 좋은 점이 많다. 뜨개로 만든 테두리는 가끔 뜯어질 때도 있는데, 전문가에게 맡기면 그럴 일이 없다. 하지만 맡긴 결과가 정성스럽고 사랑스럽지 않다면, 망한 것이다. 또 한 가지 말해둘 점은, 스웨터 테두리가 단단해야 하는 건 맞지만 리본만큼 단단해서는 안 된다는 점이다. 니트는 이름 그대로 신축성이 있어야 니트다. 니트의 어떤 부분도 직물처럼 단단해서는 안 된다.

여름 프로젝트로는 몇 개의 모자가 적당하다. 실이 많이 필요하지 않고 줄무늬나 배색 무늬를 넣을 때 자투리 실을 소진하기에도 좋다. 양말과 장갑만큼이나 휴대성이 있으며, 돌아올 겨울과 연말을 바라보며 느긋하게 뜰 수 있다. 나는 40cm 줄바늘로 뜨는 것을 좋아하지만, 마지막 몇 단은 양말바늘로 뜬다.

양말바늘 세트를 가져야겠다는 강박은 어떤 식으로든 느끼지 말기를 바란다. 양말바늘이 없어도 괜찮은 방법으로 모자를 마무리할 수 있다는 사실을 나는 비상사태와 여러 번의 실험을 통해 깨달았다. 나는 6.5mm 줄바늘로 모자를 뜨다가 굵은 양말바늘이 없어서 3.75mm 양말바늘로 아주 느슨하게 마무리했다. 물론 아주 아주 느슨하게 떠야 했지만, 애초에 6.5mm 바늘로 떠야 적당한 굵은 실이었기 때문에 심각하게 어렵지는 않았다. 어쨌든 그렇게 뜬 건 몇 단뿐이다.

바늘 세트에 짝이 맞지 않는 바늘이 끼어 있어도 마찬가지다. 바늘 굵기가 아니라 실 굵기로 게이지를 조정할 수 있는 느슨한 뜨개인에게는 문제가 되지 않는다. 완벽하지 않은 도구와 조건에서 여러분이 어떻게 대처하는지 보자. 여러분은 놀랄 수도 있고, 기쁠 수도 있다.

외국에서 돌아온 친구가 '몰타 어부 모자'의 복제품을 가져다주었다. 2인치에 5.5코가 들어가는 아주 두꺼운 실로 뜬 것인데, 쉽스다운과 비슷하지만 털이 더 많았다. 그 모자의 구조를 파악하면서 재미있는 시간을 보냈다. 가터뜨기의 넓은 테두리가 목과 귀를 편안하면서도 멋스럽게 감싸는 모자였다. 처음에는 코줄임이 불규칙해 보였지만, 두 단마다 네 군데에서 두 코를 함께 뜨는 딱 떨어지는 나선형 코줄임을 한 것을 알아냈다. 조금 엉성하다고 느꼈던 모자의 형태는 꼭대기까지 그대로 유지됐는데, 전통적으로 어부가 쓰던 모자에서 온 형태일 것이라고 결론지었다. 모자의 끝부분에는 수십 가닥의 실로 된 태슬이 우스꽝스럽게 장식되어 있어 지중해 분위기를 풍겼다. 나는 태슬의 끝부분을 일부러 들쑥날쑥하게 잘라 더 익살스럽게 만들었다. 물론 이렇게까지 할 필요는 없다.

완성된 모자는 오리지널 모자와 상당히 유사하다. 내가 시도한 한 가지 근본적인 변화는 목 뒷부분에서 여섯 코씩 급격하게 늘림으로써 모자의 뒷목 부분을 조금 더 해부학적으로 만든 것이었다. 이걸 그대로 따라 뜨고 싶다면 처음부터 여섯 코를 더해서 코를 잡으면 된다. 이렇게 하면 코늘림을 생략할 수 있다. 몰타 모자 뜨는 법은 가노미Ganomy 모자,* 삼각 모자와 함께 이 챕터의 마지막에 실려 있다.

가노미 모자는 꽤 굵은 실(1인치에 4코)로 뜨고, 지그재그 장갑을 뜰 때처럼 마이터 원리에 따라 뜬다. (Fan-and-Feather와 같은 비침무늬도 지그재그 스티치와 같은 원칙을 바탕으로 한다. 더 넓게 퍼지고, 지그재그 대신 파도 무

* 유럽 전설에 등장하는 노움 요정이 쓰는 뾰족한 모자.

늬가 생긴다는 것을 빼면.)

아예 귀마개가 달린 모자가 아니라면 요즘 모자 중에는 귀를 충분히 덮는 것이 거의 없다. 그러다 보니 모자 밑단을 귀 쪽으로 자꾸 끌어내리는 사람도 있다. 모자 옆부분에 아래로 향하는 두 개의 마이터를 떠보자. 이 말은 그러니까, 마이터링에 많은 콧수가 소비되기 때문에 우리는 놀랄 만큼 많은 코를 잡아야 한다는 뜻이다. 이마와 뒷목 부분에 위로 향하는 마이터를 추가하는 것이 좋다. 양쪽 귀에서는 코가 줄어들고, 같은 콧수만큼 이마와 뒷목 부분에서 코가 늘어나야 하기 때문이다.

긴 이야기를 짧게 하자면, 요즘 내가 강가의 모래톱에 앉아 뜨는 것이 바로 이 모자다.

40cm 줄바늘로 80코를 잡고 가터뜨기 테두리를 1인치 정도 뜬 다음, 양쪽에서는 2단마다 2코씩을 줄이고 앞뒤로는 두 단마다 2코씩을 늘리며 모양을 잡아갔다. 사람 머리의 해부학적 구조 때문에 귀와 뒷목 사이보다 귀와 이마 사이에 더 많은 콧수가 필요하다. 약 두 배 정도. 여러분의 취향과 호불호에 따라 더 나은 방법도 가능하다. 어떻게 늘리고 줄일지는 여러분에게 달려 있다. 이 챕터의 마지막 부분에서 상당히 솜씨 좋은 방법을 알게 될 것이다.

빵모자는 왜 둥글어야만 할까? 팔각형이나 오각형, 사각형이나 삼각형이면 안 될까? 앞의 세 가지는 시도해 보지 않았지만 삼각 모자는 직접 만들어 봤고, 쓰는 사람 모두가 좋아했다. 꼭짓점이 앞이나 뒤에 오도록 푹 눌러써도 되고, 얼굴이 잘 드러나게 써도 된다. 혹은 꼭짓점이 안쪽으로 들어가도록 매만져 쓸 수도 있다. 삼각 모자는 고양이처럼 다양한 얼굴을 가졌다.

머리에 편안하게 맞도록 충분한 콧수를 잡는다. 1인치가량 가터뜨기나 고무단으로 테두리를 뜬 다음 K2, M1을 해 콧수를 1.5배 늘린다. (나는 안뜨기가 귀찮고, 작은 편물을 잇는 데에는 거부감이 없으므로 평면뜨기로 가터뜨기를 했다. 여러분이 원한다면 원통뜨기로 겉뜨기와 안뜨기를 교차로 떠도 된다.)

40cm 줄바늘로 원통으로 연결한 뒤 계속 떠간다. 콧수를 삼등분한 지점의 2코에 마커를 꽂아 표시한다. 원한다면 표시할 코의 양옆에 링마커를 걸어도 된다. 마커로 표시한 코의 양옆에서 두 단마다 1코씩 늘린다. 그러면 늘림단마다 6코가 늘어난다. 이 정도 비율이면 경사가 꽤 매끄럽다. (한 단에 8코씩 늘리는 것도 아주 매끄러운 경사를 만든다. 사각형 모자를 디자인할 때 기억해 두자.)

3.5인치(9cm)를 떴으면 코늘림을 멈추자. 나는 코줄임

선이 선명하게 드러나도록 했는데, 여러분도 똑같이 할 수 있다. 코늘림이나 코줄임 없이 한 단을 안뜨기로, 두 단을 겉뜨기로(원한다면 더 많이 떠도 된다) 뜬 다음 다시 안뜨기로 한 단을 뜬다.

그런 뒤 같은 자리에서 같은 비율로 코를 줄이기 시작한다. 2단마다 6코 비율로. 2.5인치(6.3cm)를 뜬 뒤부터는 매 단마다 코줄임을 해 모자 꼭대기 부분이 평평하게 되도록 한다. 콧수가 아주 적어졌으면(6코나 3코) 실을 꿰어 당겨서 마무리한다.

몰타 어부 모자를 뜨기 위한 간결한 지침

게이지: 2인치(5cm)에 5.5코, 4인치(10cm)에 11코

재료: 4온스(113g)짜리 쉽스다운 1타래 또는 게이지에 맞는 두꺼운 실. 게이지에 맞는 40cm 줄바늘 하나, 양말바늘 한 세트.

36코를 잡는다. 10단을 가터뜨기 한다(5이랑).

그리고,

K17, 편물 뒤집기, 겉뜨기로 돌아오기. K15, 편물 뒤집기, 겉뜨기로 돌아오기. K13, 편물 뒤집기, 겉뜨기로 돌아오기.

K11, 편물 뒤집기, 겉뜨기로 돌아오기. K9, 편물 뒤집기, 겉뜨기로 돌아오기. K7, 편물 뒤집기, 겉뜨기로 돌아오기. 그런 다음:

K8, 편물 뒤집기, 겉뜨기로 돌아오기. K10, 편물 뒤집기, 겉뜨기로 돌아오기. K12, 편물 뒤집기, 겉뜨기로 돌아오기.

K14, 편물 뒤집기, 겉뜨기로 돌아오기. K16, 편물 뒤집기, 겉뜨기로 돌아오기. 단 끝까지 겉뜨기.

(나는 첫 코를 모두 걸러뜨기 하는 것을 좋아한다.)

반대쪽에서도 위 내용을 반복한다. 귀 부분 모양 잡기가 끝났다. 단 전체를 겉뜨기.

다음 단: K15, (M1, K1) 6번, K15, 모자 앞부분을 뜨기 위해 14코 잡기. 총 56코가 있어야 한다. 10단을 메리야스뜨기로 뜬다(모자를 더 깊게 만들기 위해). 앞부분의 14코는 1단과 3단을 안뜨기로 떠서 2이랑을 뜨는 동안 가터뜨기로 유지한다.

꼭대기 모양 잡기: 4코를 균일한 간격으로 (P2tog, K12) 하면서 4번 반복한다. 한 단 겉뜨기. 이 두 단을 반복하며 2단마다 1코씩 코줄임을 한다. 8코가 남았을 때 끝낸다. 당신이 꿈꾸는 태슬을 단다.

가노미 모자를 뜨기 위한 간결한 지침

게이지: 1인치(2.5cm)에 4코, 4인치(10cm)에 16코.

재료: 게이지에 맞는 4온스(113g)짜리 울 1타래. 게이지에 맞는 40cm 줄바늘 하나, 양말바늘 한 세트.

80코를 잡는다. 8단을 가터뜨기 한다(4이랑). 원통으로 연결하고 시작 지점을 표시하기 위해 마커를 건다.

1단: K1, M1, K11, K2tog, SSK, (왼쪽 귀) K23, M1, K2, M1, (앞) K23, K2tog, SSK, (오른쪽 귀) K11, M1, K1 (뒤).

2단: 단 전체 겉뜨기.

위 두 단을 반복하며 총 4.5인치(11.4cm)를 뜬다. 앞부분의 코늘림은 그만해도 되고, 다른 부분은 계속 모양을 잡아주면서 6.5인치(16.5cm)가 될 때까지 또는 원하는 길이가 될 때까지 뜬다. 뒷부분의 코늘림도 그만하고, 14코가 남을 때까지 옆부분의 코줄임만 한다. 6단을 겉뜨기로 뜬 뒤 마무리한다.

털실 방울: 탁구공을 넣거나(위급 상황에서 모자가 물 위에 뜬다), 자투리 실을 뭉치거나 둥글게 감아 넣는다.

삼각 모자를 뜨기 위한 간결한 지침

게이지: 2인치(5cm)에 5.5코, 4인치(10cm)에 11코

재료: 4온스(113g)짜리 쉽스다운 1타래 또는 게이지에 맞는 두꺼운 실. 게이지에 맞는 40cm 줄바늘 하나, 양말바늘 한 세트.

36코를 잡는다. 5단을 가터뜨기 한다(2.5이랑). 그런 다음 K2, M1(총 54코). 원통으로 연결한 뒤 16코 간격으로 2코씩에 총 3개의 마커를 걸어 삼각형의 꼭짓점이 될 부분을 표시한다. 그런 다음 *마커로 표시한 코 전까지 K, M1, K2, M1.*을 두 번 더 반복한다. 한 단을 K. 총 84코가 될 때까지 위 두 단을 반복. 코늘림을 멈추고 안뜨기 1단, 겉뜨기 2단, 다시 안뜨기 1단.

코줄임 시작: *마커로 표시한 첫 번째 코까지 겉뜨기. K2tog, SSK.*을 두 번 더 반복. 한 단을 K. 총 48코가 될 때까지 위 두 단을 반복. 그런 뒤 6코가 남을 때까지 매 단마다 코줄임. 마무리.

7월

여행하며 뜨기
좋은 숄

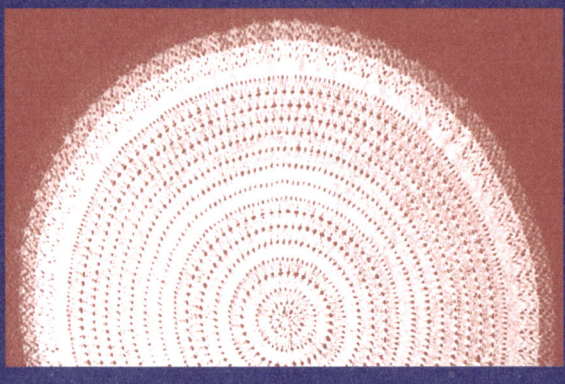

      7월은 여행의 달이다. 물론 우리 같은 노부부는 별로 관심이 없지만. 우리는 통계의 일부는 고사하고, 교통 체증의 일부가 되기도 원하지 않는다. 아늑한 마당에 편안하게 앉아 있으면 여행이 다 뭔가 싶다. 도로 너머로 자동차 달리는 소리만 휙휙 들릴 뿐이다. 혹독한 북부로, 또는 만족스럽지만 쉽게 지치는 남부로 내달리는 가족들이 내는 휙휙 소리. 인파가 줄고 모기가 물러갈 때까지 모닥불 피우기를 참을 생각이다.

  매년 꼬박꼬박 떠나는 가족 여행에는 뜨갯거리가 필수다. 앞으로 2주 이내에 직면하게 될지도 모르는 흉포한 상황에서 여러분이 제정신을 지키도록 도와줄 무언가가 필요하니까.

  솔을 떠보자.

  웃지 말기를. 솔은 여행용 뜨갯거리로 완벽하다. 내가 여러 번 떠봐서 안다. 얇은 실과 줄바늘로 뜨는 둥근 솔은 좁은 공간에서 대기해야 할 때, 일이 어떻게 될지 알 수 없을 때 한결같은 동반자다. 무엇보다 숄을 뜨는 실은 얇은 편이라 공간을 별로 차지하지 않고 오래 뜰 수도 있다.

두 번째로, 줄바늘은 바늘과 줄을 일부러 분리해 던져버리지 않는 한 잃어버릴 일이 거의 없다. 최악의 상황이라고 해봤자 몇 코를 빠뜨리는 정도다. (금방 수정하면 된다.)

이쯤 되면 여러분은 "하지만 숄은 어렵잖아요"라고 말할 틈을 노리느라 조바심을 낼지도 모른다.

하지만 그렇지 않다. 나는 중앙에서 시작해서 형태를 만드는 6단 외에 별다른 무늬가 없는 숄을 뜬 적이 있다. 이런 형태는 콧수가 많아질수록 단과 단 사이가 더 멀어진다. 마지막으로, 여행에 지쳐 아무 생각 없이 그저 쉬고 싶은 마음이 점점 커질 때 숄을 뜨면 생각 없이 수백 코를 뜰 수 있어서 좋다. 그렇게 하다 보면 마침내 가보가 만들어질 것이다. 그러니 잘 읽어 보기를.

가장 중요한 것은 최고의 재료를 선택하는 단계라는 말을 꼭 해야 할까? 물론 나는 울실을 쓴다. 불행히도 여러분이 울에 알레르기가 있다면 실 가게 점원에게 대체할 실이 있는지 물어보자. 영수증이 있으면 쓰고 남은 실을 반품할 수도 있으니 애초에 넉넉하게 사자.

흰색이나 파스텔색에 집착할 필요는 없다. 내가 아는 아주 근사한 숄 중 하나는 어두운 빨간색이고, 두 가지 톤의 오트밀 색으로 뜬 엄청나게 넓고 둥근 숄도 있다. 본능을 발휘하자. 네이비나 밝은 녹색도 좋다. 어두운 갈색이나 검은색도 옷과 잘 어울릴 것이다.

 느슨한 게이지가 가능한 굵기의 줄바늘 두 개를 고르자. 평소보다 게이지가 더 커야 한다. 숄은 게이지가 중요하지 않은 아주 드문 뜨갯거리다. 그저 느슨하기만 하면 된다. 40cm 줄바늘은 시작할 때 쓰고, 나머지는 60cm 줄바늘로 뜬다. 일부러 준비한 게 아니라면 69cm나 76cm, 90cm나 120cm 줄바늘은 필요하지 않다는 걸 알게 될 것이다. 얇은 실을 느슨하게 뜨면 60cm 줄바늘로 1000코까지도 쉽게 뜰 수 있다. 처음에 50코가 될 때까지는 네 개의 양말바늘로 떠야 하지만 이 부분은 금방 끝난다.

 이제 준비가 됐는가? 조용한 구석 자리로 가서 첫 단을 시작하자. 깜빡 잊고 말하지 못했는데, 코바늘도 한 개 필요하다. 에밀리 오커의 방식으로 9코를 잡는다(부록 참조).

 한 단을 겉뜨기한다. 양말바늘 사용법이 낯설다면 구할 수 있는 뜨개 자료의 도움을 받아 떠보자. 양말바늘로 뜨는 부분은 금방 끝난다. 바늘 네 개를 사용하는 게 어색하다고 걱정할 필요도, 바늘이 미끄러질까 봐 불안할 필요도 없다. 당신은 그들의 주인이고 그들도 안다.

 2단에서는 YO와 겉뜨기를 반복하여 콧수를 두 배로 늘린다. 총 18코가 된다.

세 단을 겉뜨기로 뜬다. 단이 시작될 때 안전핀을 걸어서 첫 번째 바늘이 어디인지 표시하자. 두 번째 코늘림단도 YO와 겉뜨기를 반복하며 코를 늘리자. 총 36코가 된다.

6단을 겉뜨기로 뜬 다음 세 번째로 코늘림단을 해 총 72코가 된다. (40cm 줄바늘에 코를 옮긴다.)

12단을 겉뜨기로 뜬 다음 네 번째로 코늘림단을 해 총 144코가 된다.

24단을 겉뜨기로 뜬 다음 다섯 번째로 코늘림단을 해 총 288코가 된다.

48단을 겉뜨기로 뜬 다음 여섯 번째로 코늘림단을 해 총 576코가 된다.

이제 96단을 겉뜨기로 뜰까? 그렇지 않다. 96단의 절반쯤만 떠도 숄이 충분히 크다는 느낌을 받을 것이고, 아마도 여러분은 여행을 마치고 집에 돌아와 있을지도 모른다.

지금까지 뜬 것의 이면에 숨어 있는 기하학을 알아보겠는가? 아마도 고등학교나 대학교를 졸업하자마자 금세 잊었을 것이다. 바로 파이(π)다. 원의 기하학적 구조로 인해 원의 둘레와 반지름이 서로 신비로운 관계를 맺고 있다는 그 파이 말이다. 원의 지름이 두 배가 되면 원의 둘레도 두 배가 된다. 뜨개 용어로 바꿔 말하면 숄의 단수가 늘어날수록 콧수도 늘어난다는 말이다. 그러니까 내가 아는 한 3, 6, 12, 24, 48, 96단으로 늘리면 콧수는 192, 394, 788, 1576코가 된다. 하지만 이론은 이론일 뿐. 나는 축구장에 깔 레이스 카펫을 만드는 것이 아니므로 이것을 실행에 옮길 생각은 없다.

40~50단을 떠서 576코가 되면, 누구든 충분히 두를 수 있는 지름 72인치(183cm) 크기의 놀라운 원형 숄이 되어 있을 것이다. 잘 마무리하고 세탁한 뒤, 집에서 가장 큰 침대 위나 먼지가 없는 러그 위에 잘 펼치자. 수십 개 또는 수백 개의 핀을 매트리스나 러그에 꽂아서 마를 때까지 두자.

이제 마무리를 하자. 어떻게? 라고 묻겠지?

방법은 두 가지다. 첫 번째 방법이 좋다. 코바늘을 들고 마지막 코에 *사슬 6개를 만든다. 그걸 다음 세 코 안으로 통과시킨 뒤 빼뜨기로 연결한다. *을 반복한다. 대바늘로 뜬 코들을 마무리하고 거기에 사슬을 만들었다. 고리를 원하는 만큼 길게 만들어서 취향대로 걸러뜨기 코 사이로 통과시키자. 나는 이제 이런 식으로 숄을 마무리하지 않아서 여기에 대해서는 별로 제안할 의견이 없다. 이런 숄의 가장자리를 블로킹할 때는 사슬마다 핀을 하나씩 꽂아서 팽팽하게 당겨지게 하자. 그러면 섬세한 레이스 테두리가 될 것이다. 두 단이나 세 단마다 핀을 꽂을 수도 있다. 반복하며 실험해 보자.

숄 가장자리를 마무리하는 두 번째 방법은, 분명 내 머리에서 떠올려 내 손으로 완성했지만 내가 만들었다고 확신할 수는 없는 방법이다. 테두리를 대바늘로 뜨는 것인데 가장자리만 따로 뜬다. 아주 긴 줄을 떠서 바느질을 할 수도 있겠지만, 바느질로 이으면 숄이 당겨질 때 뜯어지기 쉽다. 그렇다고 숄의 마지막 단을 필요한 만큼 충분히 느슨하게 코막음하는 것은 거의 불가능에 가깝다. 대신 이렇게 한다.

숄이 충분히 크게 떠졌다면, 옛날 방식이지만, 단의 시작 위치에서 떠가며 코잡기*로 8코를 잡는다. (거듭 말하지만, 뜨개에서 쓸모없는 것은 없다.) 그중 7코를 겉뜨기하고, 여덟 번째 코는 숄의 마지막 줄에 있는 코와 함께 뜬다. *편물 뒤집기, K8, 편물 뒤집기, K7, K2tog. *부터 반복(부록 참조).

처음에는 이것이 도무지 끝날 것 같지 않다고 생각할 것이다. 그러나 몇 인치쯤 떠보면 노력할 가치가 있다는 사실을 알게 된다. 우아하게 단순하면서 견고한 가터뜨기 테두리를 만드는 중인데, 이 가터뜨기는 숄을 두르기에도 좋고 말리지도 않는다. 원한다면 더 넓게 만들어도 되지만, 더 좁게 만들지는 않는 게 좋다. 특히 무늬가 없는 숄이라면 할머니의 레이스 장식 중 하나를 적용해 볼 수 있다. 구멍

* knitted cast on이라 불리는 방식을 말한다.

무늬(YO, K2tog)가 있는 단을 뜰 때마다 마커를 걸어 진행 상황을 표시해도 된다. 가장자리를 뜰 때는 코를 갑자기 늘리거나 줄여서 뾰족하거나, 물결치거나 또는 부채꼴 모양으로도 만들 수 있다. 숄에 여러분만의 개성을 담자. 새로운 무늬를 unvent해서 넣을 수도 있다.

 unvent라는 단어가 어색한가? 나는 이 단어를 좋아한다. invent는 다소 거만하고 우쭐대는 것처럼 들린다. invent라는 말을 들으면 흰 가운을 입고 각종 참고서적으로 가득한 연구실에 앉아 있는 뜨개 발명가가 떠오른다. 그 방에는 각종 차트와 그래프가 벽에 걸려 있는데, 그 차트는 낙서를 하다가 한 귀퉁이를 조금 접어놓기도 하고, 아무 종이에나 직접 모눈종이를 그려서 만든 진짜 뜨개 차트가 아니라, 경제를 따질 때 쓰는 판매 실적이나 판매율 그래프가 그려진 차트다. 나는 무테안경을 쓴 채 생각에 잠긴 표정으로 날카롭게 깎은 연필을 들고 있다. 내가 만든 불멸의 도안을 지치지도 않고 떠줄 뜨개 친구가 한 명도 없을지 누가 아는가. 정말 별로다.

 하지만 unvent라고 하면 어떤가. 아! 어떤 영원불변의 정신이 제아무리 깊은 곳으로 자취를 감추어도 누군가는 거기서 영감을 받아 무언가를 만들고 발굴하고 파고들고 찾아낸다. 바늘과 실이라는, 선사시대부터 존재했던 도구를 사용해 무언가를 만드는 과정에 정말로 새로운 것이 있을 수 있는지 나는 몹시 의심스럽다. 과학기술의 산물 중에는 새것이 있을 수 있고, 그중에는 꽤 끔찍한 것도 있겠지만 뜨개는? 뜨개에는 영겁의 세월 동안 쌓여온 가능성이 담겨 있다. 지구는 실과 바늘을 쥔 수백만 명의 뜨개인이 일으킨 먼지로 풍요로워졌다. 심리스 스웨터와 가로 단춧구멍, 매끈한 밑단과 가짜 솔기까지. 인류 역사에서 이런 것들이 발견되지 않거나 떠지지 않은 채 남아 있는 일은 상상할 수 없다. 누군가는 손가락에도 기억력이 있다고 믿는다. 아직 개발되지 않았지만 여전히 생생한 기억력이.

나는 여기에 관한 사례 두 가지를 알고 있다. 울에 대한 내 경험을 바탕으로 한 것이다.

오래전, 그때는 아일랜드어로 된 도안만 있었는데 〈보그 패턴북〉에서 나에게 보았거나 들은 적이 있는 아란 스웨터를 떠달라고 했다. 그다음 주말에 나는 염색하지 않은 울실과 바늘을 들고 캠핑을 가서 아란 스웨터를 떴다. 캠핑하기에 좋은 계절이었다. 장작도 많았고 야영지도 쉽게 발견할 수 있었다. 이웃이 걸어 놓은 빨랫줄과 캠프파이어 연기 사이를 헤매고 다녀야 할 만큼 야영객이 많지도 않았다.

우리는 미시시피강에 도착해서 텐트를 쳤고, 물가로 갔고, 나는 당연히 뜨개를 했다. 완벽한 초여름 날씨 속에서 우리는 젊지만 강력한 미시시피강이 만들어 내는 동그란 파문을 즐겼다. 그곳에서 뜨개를 하던 나는 도안이 없어 방향을 잡지 못하고 헤매고 있었다. back twist와 front twist 같은 익숙지 않은 용어들이 자꾸만 뇌 속에 가라앉았고, 미끄러운 실은 자꾸만 손가락 사이로 미끄러졌다. "태양이 모든 것 위로 내리쬐었고, 그렇게 꿈은 시작됐다." 분명 꿈은 아니었다. 그때 내 손가락은 지금 무엇을 뜨고 있는지 잘 알았고, 오랜 시간이 흐른 뒤에 그것을 다시 뜰 수 있는 기회를 맞이한 것을 몹시 반가워하고 있다는 느낌을 강하게 받았다. 전에도 이런 일이 있었다는 사실을 떠올렸다. 더 어릴 때였고, 아일랜드 해안가에서 대서양의 짠 여름 파도에 흔들리며 보트를 타고 있었다. 말도 안 된다고? 사실이다.

두 번째 경험은 물레와 함께였다. 몇 년 전 크리스마스에 핸드메이드 스피닝 물레를 선물 받고 부자가 된 것 같았다. 나는 핸드 스피닝이 제빵 기술이나 제대로 된 마요네즈를 만드는 기술만큼이나 경외심을 가질 만한 기술이라고 생각한다. 제빵과 마요네즈 만들기는 마스터했지만, 물레에 관해서만은 거의 1년 동안 그 곁에서 가다 서다를 반복하며 온갖 시도를 다 해 봤지만 아직도 물레가 어떻게 작동하는지, 어떻게 섬유가 꼬이는 동시에 스핀에 감길 수 있는지 아직도 공부 중이다. 알 것 같으면서도 여전히 잘 모르겠다.

아는 스피너가 없어서 스피닝 기술은 몇몇 훌륭한 책을 통해 배워야 했지만, 스피닝에 관해 나는 여전히 상아탑에 갇혀 있다. 나는 완전히 독학했고, 최근까지도 누가 스피닝을 하는 것을 본 적이 없다. 하지만 내 손가락들은 고립되기보다는 응원을 받은 것 같다. 지금은 발판을 밟으면 알아서 물레가 돌아간다. 내가 하는 스피닝이 정통은 아닐 수도 있지만 내 손가락은 자신이 무슨 일을 하는지 정확히 알고 있고, 삐뚤빼뚤할지언정 실로 뜬 진짜 결과물을 만들어 낸다. 섬유가 너무 얇아질 것 같으면 나의 왼손 엄지와 집게 손가락이 얼른 나서서 스핀에 안전하게 고정될 수 있도록 섬유를 살짝 꾼다. 왜일까?

이 문제에 대해 깊이 생각해 본 적이 없다. 손가락이 알아서 그렇게 했을 뿐이다. 그저 수 세기에 걸친 유전자가 손가락에 기술을 전해주었다고 생각할 뿐이다. 우리가 아직 시도해 보지 않은 기술 말이다. 스피닝을 하면 무아지경에 빠진다. 차분해지면서 마음의 배터리가 충전되는 느낌이다. 지친다 싶을 때 자리에 앉아 뉴스를 틀어 놓고 스피닝을 하면 치유가 된다.

여러분도 잘 알겠지만, 뜨개도 치유다. 그게 아니라면 여러분이 휴가 중에 왜 솔을 떴겠는가.

초기에 뜬 숄은 스페인을 여행하면서 뜬 것인데, 정말로 소중하다. 코를 잡고 40cm 줄바늘 단계가 될 때까지는 집에서 떴다. 머지않아 리스본 공항에서는 60cm 줄바늘에 144코가 됐고, 집으로 돌아가기 직전까지 2~3주 동안 나와 함께 유럽 여기저기를 둘러보았다. 뜨던 숄을 줄바늘에 걸어둔 채로 그 가운데에 실을 두고 보자기처럼 오므려서 뜨개 가방으로 쓰기도 했다. 잠시 뜨개를 쉴 때는 줄바늘의 양 끝을 매듭처럼 묶어 여행 가방 안에 쑤셔 넣었다. 숄이 꽤 큰 사이즈가 됐을 때에도 휴대성이 좋았고, 그때 사용한 셰틀랜드 울은 너무나도 고왔다.

이런 여행에서는 뜨개할 시간이 없을 거라고 생각한다면 오산이다. 뿌리가 뽑힌 집순이는 새로운 환경에 대한 인상과 흥분에 과부하가 걸릴 때가 있고, 따라서 짧든 길든 긴장을 풀고 평소처럼 돌아갈 시간이 필요하기 때문이다.

그 여행은 남편의 출장이기도 했다. 그런 여행이 어떻게 흘러가는지 다들 알 거라 생각한다. "여보, 난 오늘 몇 시에 끝날지 모르니 티타임 무렵부터 호텔에서 기다리고 있어."

세비아와 인터라켄, 뮌헨에 왔는데 돌아다니고 싶다는 말도 못 하고 호텔에서 기다려야 한다니 얼마나 고통스러운 일인가. 이렇게 힘든 시간도 조금이나마 수월한 건 뜨개 덕분이다. 공항에서 하염없이 기다릴 때를 생각해 보자. 이

국의 공원 벤치에 앉아 실과 바늘을 들고 마치 그 도시에 사는 사람인 양 지나가는 관광객을 관찰하는 일이 얼마나 즐거울지 상상해 보라. 뜨개는 여행자를 위한 것이다. 내 마음속에서는 의심의 여지가 없는 사실이다. 진정한 뜨개인은 어느 누구도 경멸하지 않지만, 패니 스퀴어*처럼 뜨개를 하지 않는 사람들의 무지를 불쌍히 여기고 안 됐다고 생각할 수는 있다.

집에 있을 때는 뜨개책과 패턴북을 팔꿈치 언저리에 두고 숄의 늘림단 사이에 원하는 레이스 무늬를 삽입하거나, 규칙적으로 YO, K1을 하는 대신 YO, K2tog를 하며 마치 늘림단처럼 보이는 무늬를 뜰 수도 있다. 6단마다 이렇게 하면 늘림단 사이에서 완벽하게 조화를 이룰 것이다.

5~6인치(12.7~15cm) 가량 무늬를 넣어서 평범한 숄을 마무리한 다음 테두리를 두르면 좋다. 나는 지금 글을 쓰면서 무언가를 바라보고 있다. 옅은 청색의 2ply 핀란드 울실인데, 큰 게이지(대략 1인치에 3코)로 느슨하게 뜰 수 있다. 마지막 코늘림 직후 576코가 됐을 때, 이 책의 2월 챕터 뒤쪽에 실려 있는 예쁜 갈매기 무늬로 바꿨다. 약 2인치만큼 무늬를 뜬 후에 짙은 파란색으로 실을 바꾸고, 다음에는 더

* 찰스 디킨스의 소설 《니콜라스 니클비》에 등장하는 여성 캐릭터로, 기숙학교를 운영하며 아이들을 굶기고 학대한다.

짙은 파란색으로, 그다음에는 매우 어두운 파란색으로, 마지막에는 거의 검은색에 가까운 실로 바꾸었다. 거의 검은색에 가까워 보이는 실로 1인치를 뜬 후에는 세미 아이코드와 함께 8코로 이루어진 가터뜨기 테두리를 넣었다. 부록을 참조하자.

여러분은 또한 패고팅faggotting*으로 테두리를 장식할 수도 있다.

패고팅 테두리를 만들기 위해서는 매 단마다 같은 자리에서 YO, K2tog를 한다. 어느 자리에서 작업하느냐, 몇 코를 작업하느냐에 따라 다르게 나오겠지만, 분명한 건 언제나 우아하다는 사실이다. 8코로 다음과 같은 변형을 시도해 보자.

1. K3, YO, K2tog, 끝까지 K. 평면뜨기를 하며 반복한다.
2. K4, YO, K2tog, 끝까지 K. 평면뜨기를 하며 반복한다.
3. K5, YO, K2tog, 끝까지 K. 평면뜨기를 하며 반복한다.

이제 1코(총 9코)를 더 추가해서 위의 세 가지 변형을 시도해 보자. 한 코가 얼마나 큰 차이를 만들 수 있는지 놀랍지 않은가. 심지어 2.75mm로 떴는가, 3.75mm로 떴는가에

* 장식적인 스티치로 두 원단을 이은 것을 말한다.

따라서도 결과물이 미묘하게 다르다. 아마 위의 여섯 가지 변형 방식 중에서 어떤 것을 사용해야 할지 고르느라 애를 먹을 것이다.

  색상 그러데이션을 더 일찍 넣거나 더 많은 색상을 사용한다고 해도 막을 사람은 없다. 실을 살 때는 프로젝트 초반보다 후반에 실이 더 많이 든다는 사실을 잊지 말자.

  여행과 실험에 대해 말하자면, 몇 년 전 벨기에에서 이런 일이 있었다. 한여름이었고, 우리는 몬스에서 한 달을 지냈다. 영감은 일하러 가고 나는 온종일 혼자 있었다. 아침 식사를 마친 직후, 인테리어가 다소 화려한 호텔의 우아한 스위트룸에서 먹고 남은 아침 빵에 버터를 싹싹 긁어 두껍게 바른 뒤 뜨개 가방에 담아 호텔을 나섰다. 가파르고 꼬불꼬불한 거리(몬스Mons라는 단어는 산을 뜻하는 라틴어다)를 오르내리고, 이국적인 슈퍼마켓을 어슬렁거리고, 공원에 앉아 있다가 저녁에 호텔로 돌아왔다. 작고 먼지 자욱한 박물관들은 여름에는 문을 열지 않았고, 일반 상점들은 별로 재미가 없었다. 유럽의 다른 나라들처럼 벨기에 역시 플라스틱화 되어 있었고, 내가 전리품 수집가 스타일도 아니었기 때문이다. 실 가게에는 순모 실이 많지 않았고, 몹시 세련되고 매력적인 프랑스풍의 도안이 있기는 했지만 새로운 기법은 보이지 않았다.

나는 카페에 혼자 있는 것이 편한 사람이 아니라 카페의 유혹에는 넘어가지 않았다. 하느님은 잘 아실 테지만, 카페에 가면 늘 웨이터들이 나를 경멸하는 느낌이다. 막상 웨이터들은 나를 신경 쓸 시간이 없을 만큼 바쁠 텐데도 말이다. 영감과 함께라면 몇 시간이고 앉아서 이것저것 게걸스럽게 먹고, 보이는 모든 것에 대해 신랄하게 비평할 수 있다. 하지만 혼자 있을 때는 다른 사람들이 나를 보며 평가를 할 것이라고 상상한다. 어쨌든 나는 카페에 혼자 있으면 비참해진다. 늘 뜨개를 하고 싶지만, 감히 하지 못한다. 보통은 책을 읽다가 오는데, 그러면 내가 지나치게 훌륭해 보이는 것 같고, 눈에도 더 띄는 것 같다. 역시 카페는 안 되겠다. 공원으로 가자.

공원은 혼자 온 사람들로 가득 차 있다. 볼 것이 많고, 녹색의 풀과 기분 좋은 식물들을 보는 일도 즐겁고, 야외인 점도 좋다. 벨기에는 여름 장마가 심한 줄 알았는데, 그 여름은 (대개 그렇듯이) 아주 이례적이었다.

보크홀이라고 불리는 몬토이스 공원은 당시 '한 단 단춧구멍'을 뜨기에 완벽한 장소였다. 나는 한 단 단춧구멍에 대한 이야기를 사방에서 들었는데, 한 단을 단춧구멍으로 만들면 앞 단이나 다음 단에서 걱정할 필요가 없다고들 했다. 걱정이라니? 단춧구멍에 세 단을 쓰는 건 즐거운 일인데. 기법에 관심을 가지면 뜨개가 바람 불듯 수월해진다. 내가 뜬 세 단 단춧구멍이 꽤 만족스러워서 우쭐해지지 않으려고 애썼다.

그럼에도 나는 한 단 단춧구멍에 호감을 갖고 이것들을 모두 시험해 보았다. 그 결과, 한 단 단춧구멍이 아주 기발하고 기능에 충실하며 소박한 방법인 것은 사실이지만, 내가 뜬 세 단 단춧구멍보다 예쁘지는 않다는 사실을 발견했다. 한 단 단춧구멍은 평면뜨기로 떠야 하기 때문에 편물을 두 번 돌려야 한다. 게으른 나는 이걸 피하고 싶다.

이곳 보크홀 공원에서 나는 그것들을 모두 다시 시도했다. 벤치의 반대편 끝에 앉은 남자는 길쭉한 편물에 단춧구멍을 뜨고 또 뜨는 나를 보고 아마 실이 다 떨어진 줄 알았을 것이다. 여러 번 뜬 단춧구멍들을 조합해서 가장 훌륭한 점만 취하려고 노력했다. 마지막으로 내가 개발한 코잡기, 코막음 그리고 모서리를 뜨는 방식을 적용해서 나만의 방식으로 단춧구멍을 수정했다.

여행하는 동안 만든 단춧구멍이 서른 개도 넘는다. 나의 작은 검정 노트에 적어둔 단춧구멍 뜨는 법 중 내가 가장 좋아하는 것은 이렇게 뜬다.

70년 8월. 몬스

(내 생각에) 최고의 단춧구멍. 1단. 3코

안뜨기 방향으로 걸러뜨기 1코.

실을 앞으로 오게 한 뒤 안뜨기 방향으로 걸러뜨기 1코.

첫 번째 걸러뜨기 코로 두 번째 걸러뜨기 코 덮기. 안뜨기 방향으로 걸러뜨기 1코.

두 번째 걸러뜨기 코로 세 번째 걸러뜨기 코 덮기. 안뜨기 방향으로 걸러뜨기 1코.

세 번째 걸러뜨기 코로 네 번째 걸러뜨기 코 덮기.

네 번째 코를 뒤집어서 왼쪽 바늘에 두기.

오른쪽 바늘에 있는 마지막 코를 뒤집거나 꼬거나 돌린다. 실을 팽팽하게 당긴 뒤 오른쪽 바늘의 앞에서 뒤로 실을 걸친 다음, 아까 꼰 코로 덮는다. 오른쪽 바늘에 실을 당기면서 감아코로 4코를 만든다. K2tog한 다음 겉뜨기한다.

이렇게 뜨면 편물을 뒤집을 필요도 없다. 다른 버전에서는 한 단을 떠가며 작업하기 때문에 계속 편물을 뒤집어야 한다. 4코일 때도 있고 3코일 때도 있다. 나는 이런 경우에는 감아코를 더 좋아한다. 탄탄하게 만들면 깔끔하고 자연스럽다.

(감아코로 코잡기는 프로젝트를 시작할 때는 거의 쓸모가 없다. 보통 너무 타이트하게 만들어져서 바늘을 넣기가

어렵기 때문이다. 객관적으로 보면 일반 코잡기 방식도 여기에 기초한 것이다. 여러분은 감아코 코잡기와 첫 단 겉뜨기를 동시에 하고 있었던 것이다. 이제 나를 비웃지 마라. 여러분의 방으로 가서 내가 틀렸는지 잘 생각해 보자.)

내 작은 검정 노트에는 이런 수정 사항이 있다. "가터뜨기를 할 때는 코잡은 코의 뒤쪽으로 작업하고, 메리야스뜨기를 할 때는 그러지 말기." 이건 막대바늘로 평면뜨기를 할 때 자연스럽게 적용된다. 원통뜨기로 단춧구멍을 만드는 경우를 몇 가지 생각할 수 있으므로 실험할 필요조차 없을 것이다.

원형 플레인 숄을 뜨기 위한 간결한 지침

사이즈: 지름 72인치(183cm)

게이지: 1인치에 3코

재료: 4온스(113g)짜리 1ply 아이슬란드 울 3~4타래, 셰틀랜드 울 10~12온스(283~340g) 또는 게이지와 소요량에 맞는 실, 양말바늘 한 세트, 게이지에 맞는 40cm와 60cm 줄바늘 하나씩(대략 4.5~6.5mm).

에밀리 오커의 방법으로 9코를 잡는다(부록 참조). 세 바늘에 코를 나누고 한 단을 겉뜨기.

다음 단: *YO, K1.*부터 반복. (18코)

3단 겉뜨기.

다음 단: *YO, K1.*부터 반복. (36코)

6단 겉뜨기.

다음 단: *YO, K1.*부터 반복. (72코)

12단 겉뜨기.

다음 단: *YO, K1.*부터 반복. (144코)

24단 겉뜨기.

다음 단: *YO, K1.*부터 반복. (288코)

48단 겉뜨기.

다음 단: *YO, K1.*부터 반복. (576코)

40단 또는 지칠 때까지 겉뜨기.

테두리: 뜨면서 8코 만들기. *K7, K2tog(8번째 코+숄의 첫 번째 코). 편물 뒤집기. K8. 편물 뒤집기. 모든 코를 다 뜰 때까지 *을 반복. 끝부분과 시작 부분을 이어 마무리.

동심원 무늬 숄을 뜨기 위한 간결한 지침

코늘림단 사이에서 6단마다 YO, K2tog로 작업하는 것 빼고는 위와 마찬가지.

테두리용 레이스 무늬

(바버라 워커의 《두 번째 뜨개 무늬 보물창고》에 나온 루프 에징 loop edging이다. 이 책에는 45개의 다양한 레이스 테두리가 소개되어 있고 모두 사랑스럽다.)

11코를 잡는다.

1단: K3, (YO, SSK, K1) 2회, (YO) 2회, K1, (YO) 2회, K1.

2단: (K2, P1) 4회, K3. (이 단에서 각각의 더블 YO는 2코로 취급되며 첫 번째 코는 겉뜨기로, 두 번째 코는 안뜨기한다.)

3단: K3, YO, SSK, K1, YO, SSK, K7.

4단: 4코를 코막음. K3, P1, K2, P1, K3.

1~4단을 반복한다.

숄을 위한 세 가지 레이스 패턴

<1> 144코가 있으면 세 단을 겉뜨기한다.

1단: K5, *YO, K2tog, K10. *부터 반복한 뒤 K5로 끝내고 마커를 건다. 정확하게 144코가 있는지 확인하고, 단의 시작과 끝을 지시한 홀수 코로 뜨지 않으면 무늬가 깨진다.

2단을 비롯한 모든 짝수 단은 겉뜨기.

3단: K3, *SSK, YO, K1, YO, K2tog, K7. *부터 반복. K4로 끝내기.

5단: K2, *SSK, YO, K3, YO, K2tog, K5. *부터 반복. K3로 끝내기.

7단: K1, *SSK, YO, K5, YO, K2tog, K3. *부터 반복. K2로 끝내기.

9단: *SSK, YO, K7, YO, K2tog, K1. *부터 반복.

11단: K2, *YO, K2tog, K3, SSK, YO, K5. *부터 반복. K3로 끝내기.

13단: K3, *YO, K2tog, K1, SSK, YO, K7. *부터 반복. K4로 끝내기.

15단: K4, *YO, 걸러뜨기 1, K2tog, 걸러뜨기한 코로 덮기, YO, K9. *부터 반복. K5로 끝내기.

17단: K5, *YO, K2tog, K10. *부터 반복. K5로 끝내기.

네 단 겉뜨기.

<2> 288코가 있으면 네 단을 겉뜨기한 뒤 1~10단까지는 <1>과 같이 뜬다.

11단: *K2, YO, K2tog, K3, SSK, YO, K2, SSK, YO, K9, YO, K2tog. *을 반복.

13단: K3, *YO, K2tog, K1, SSK, YO, K2, SSK, YO, K11, YO, K2tog, K2. *을 반복. YO, K2tog로 끝내기. 마커를 1코 왼쪽으로 옮기기.

15단: K3, *YO, 걸러뜨기 1코, K2tog, psso, YO, K2, SSK, YO, K13, YO, K2tog, K2. *을 반복. YO, K2tog로 끝내기. 마커를 1코 왼쪽으로 옮기기.

17단: K1, *K2, YO, K2tog, K1, SSK, YO, K7, YO, K2tog, K6, YO, K2tog. *을 반복. 마커를 1코 왼쪽으로 옮기기.

19단: K4, *SSK, YO, K6, SSK, YO, K1, YO, K2tog, K6, YO, K2tog, K3. *을 반복. YO, K2tog로 끝내기. 마커를 1코 왼쪽으로 옮기기.

21단: K2, *SSK, YO, K6, SSK, YO, K3, YO, K2tog, K6, YO, K2tog, K1. *을 반복. YO, K2tog로 끝내기. 마커를 1코 왼쪽으로 옮기기.

23단: SSK, *YO, K6, SSK, YO, K5, YO, K2tog, K6, YO, 걸러뜨기 1코, K2tog, psso. *을 반복. YO, SSK로 끝내기. 마커를 1코 왼쪽으로 옮기기.

25단: K6, *SSK, YO, K7, YO, K2tog, K6, YO, K2tog. K5. *을 반복. YO, K2tog로 끝내기. 마커를 1코 왼쪽으로 옮기기.

27단: K4, *SSK, YO, K9, YO, K2tog, K11. *을 반복. K7로 끝내기.

29단: K3, *SSK, YO, K11, YO, K2tog, K9. *을 반복. K6로 끝내기.

31단: K2, *SSK, YO, K13, YO, K2tog, K7. *을 반복. K5로

끝내기.

33단: K1, *SSK, YO, K15, YO, K2tog, K5. *을 반복. K4로 끝내기.

35단: *SSK, YO, K17, YO, K2tog, K3. *을 반복. 마커를 1코 뒤로 옮기기.

37단: *SSK, YO, K19, YO, K2tog, K1. *을 반복. 마커를 1코 뒤로 옮기기.

39단: SSK, *YO, K21, YO, 걸러뜨기 1코, K2tog, PSSO. *을 반복. YO, K2tog로 끝내기. 마커를 1코 뒤로 옮기기.

41단: K1, *YO, K2tog, K22. *을 반복. 4단 겉뜨기.

<3> 576코가 있으면 마커를 6코 뒤로 옮기고 3단을 겉뜨기한다. <1>을 반복한다. 마커를 다시 6코 앞으로 옮기고 <1>을 반복한 뒤 4단을 겉뜨기한다. 코막음 하지 말고 무늬 없는 테두리를 뜬다(150쪽 참조).

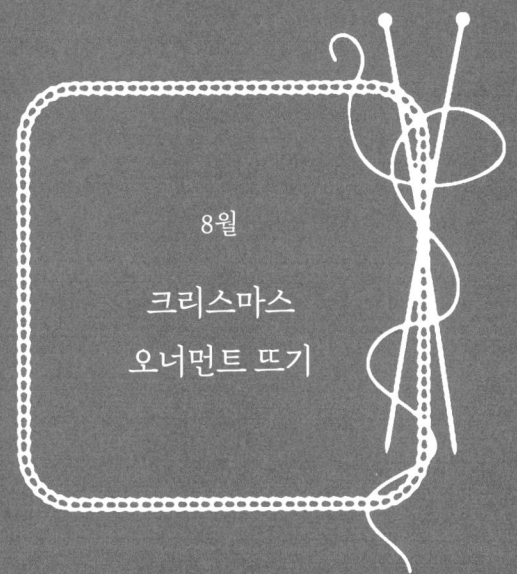

8월

크리스마스
오너먼트 뜨기

이 장은 문학에 대한 호기심으로 채워질 것이다.

60대가 넘은 나이에 캐나다 북쪽 숲에서 물놀이하는 할머니는 흔치 않다. 그들 중 어떤 할머니는 그림엽서를 쓰고, 어떤 할머니는 집에 부칠 편지를 쓰겠지만, 책을 쓰는 할머니는 천 명 중 한 명도 안 될 거라고 확신한다. 그러니 나는 비슷한 고난을 겪어본 사람의 동정 같은 것은 결코 받지 못할 것이다.

내가 한번 설명해 보겠다.

날씨가 좋지 않을 때는 글이 안 써진다. 깨어있는 시간 내내 따뜻하고 눅눅하지 않도록 신경 쓰거나, 먹을 걸 챙기느라 바쁘기 때문이다. 날씨가 완벽할 때(날씨가 안 좋았다가 좋아지는 날은 거의 없다)는 카누를 타거나 장시간 야외에 머무는 등 화창한 날씨를 즐기러 밖으로 나간다.

카누를 타고 여행하면서 글을 쓰기는 어렵다.

개울을 거슬러 오르고, 비버 댐을 지나고, 이끼가 무성한

숲을 지나는 탐험의 시간이 글쓰기보다 더 많은 비중을 차지하는 것이다. 가진 것은 없어도 고집만은 있는 이 생명체가 노트와 펜을 가식적으로 움켜쥐고서 보트 쿠션에 기대어 앉아 넋 나간 표정으로 단 한 줄의 문장을 쓰는 순간, 시원하고 상쾌한 공기 속에 질문들이 가만히 떠오른다.

부츠를 벗는 게 더 편하지 않을까? 집에서 비누를 가져왔던가? 비누를 어디에 두었더라? 낚시 집게를 가져왔던가? 다른 곳으로 장소를 옮겨볼까? 그리고 무엇보다 강렬한 질문은 이것이다. 뭐 좀 먹을 때가 되지 않았나?

앞서 말한 것처럼 이 글은 아주 더디게 쓰일 것이다. 하지만 이 글은 인적이 드문 숲에서 쓰였고, 이 장에서 묘사한 뜨개는 전화나 도서관, 낡고 손때 묻은 노트, 실을 비롯한 뜨개 용품, 매일 배달되는 우편물 같은 것과는 거리가 먼 장소에서 쓰인 것이 사실이다.

오늘은 날씨가 너무 완벽해서 한 시간 동안 아침 식사를 한 뒤에 출발했다가 저녁이 되어서야 돌아왔다. 낚시를 하느라 글은 쓰지는 못했지만, 이 장의 주제인 '소소한'이라는 콘셉트에 맞춰 작은 작품을 두 개 떴다.

시간과 실을 들여 문손잡이나 휴지 덮개를 뜰 생각이라면 크리스마스트리 장식도 떠보면 어떨까. 오늘 나는 막대바늘 두 개로 별과 나무를 만들었다. 둘 다 같은 지점에서 코가 지속적으로 줄다가 다시 부풀어 오르는 원리에 기초하고 있다.

다섯 코가 남을 때까지 다섯 군데에서 매 단마다 두 코씩 줄여서 별을 만들었다. 오래 걸리지는 않았다. 55코로 시작했기 때문에 다섯 단만 뜨면 되는, 아주 작은 별이었다. 블로킹 후에 잰 가로 길이가 2.5인치(6.3cm) 정도 된다. 여러분은 65코나 75코, 85코로 시작해 더 큰 별을 만들 수도 있다. 모든 코를 다섯 등분이 되도록 나누고, 시작과 끝부분에는 각 등분의 절반에 해당하는 콧수를 배치하자. 이 장 끝부분을 참조하면 된다.

꼭짓점이 6개인 별을 만들 수도 있다. 그럴 때는 홀수로 된 콧수를 여섯 번 반복해서 잡고, 5코가 아니라 6코씩 줄여나가면 된다.

마음이 움직이는 시점에 색을 바꾸자.

별의 꼭짓점을 뜨다 보니 이걸 응용해서 전나무 모양을 떠볼까 하는 생각이 들었다. 전나무라면 꼭짓점이 너무 뾰족하면 안 된다. 그러면 나무가 휘어져 보일 수 있기 때문이다. 나는 매 단이 아니라 두 단마다 한 번씩 코줄임을 했고, 5코가 아니라 7코를 줄였다. 하나는 나무 꼭대기, 다른 세 개는 나무의 두 경사변이 될 것이다.

좋다. 이제 77코가 있고(11코×7) 가터뜨기로 떴다. 2단에 한 번씩 좌우 대칭으로 2코씩 코줄임을 7번 했고, 첫 단에서는 코줄임 사이에 8코, 양 끝에는 4코씩 있다. 총 35코가 될 때까지 줄인다(코잡은 것의 대략 절반 정도). 이제 가운데 부분을 만들 텐데, 길쭉한 세모의 옆변을 만든다는 생각으로 두 바늘을 기울여 잡는다. 이렇게 하면 일곱 군데에서 코줄임 한 부분이 나무의 실루엣처럼 보일 것이다. 중앙을 채우기 위해 코의 절반가량을 할애해 세 코씩 되돌아뜨기를 했다. 다른 변도 똑같이. 이렇게 하니 4코로 이루어진 나무의 짧은 몸통이 생겼다. 이제 나무의 몸통 절반을 이루고 있는 양쪽을 함께 잇는다(가터뜨기 잇기에 대해서는 부록 참조).

지난밤, 일본화 풍경처럼 배배 꼬인 삼나무 너머로 물속에 3/4쯤 차오른 달이 비쳤다. 오늘 아침에는 그림이 달라졌다. 먼 해안은 시야에서 사라졌고, 태양은 창백한 빛으로만 남았으며, 하늘과 물은 한데 섞였다. 장작 옆 키 큰 덤불은 유리 같은 호수에 흔들림 없이 자신을 비춘다. 천천히 커피 향기를 들이마시니, 광채는 자신을 두 배로 반사하며 은빛 태양이 되었고, 반대편 해안도 안개 속에서 모습을 드러낸다. 분명, 또 하나의 완벽한 날이 다가오고 있다.

  우리는 카누에 몸을 싣고 호수의 다른 기슭을 향해 출발했다. 나는 2.75mm 바늘 네 개와 푸른색이 고운 로빙얀을 들고 지난 며칠 내 마음을 사로잡은 크리스마스 천사를 뜨기 시작했다. 새로운 것을 디자인할 때 늘 그런 것처럼, 상상한 것을 뜨기 위해 코를 잡는 순간은 분명하고 빠르게 다가온다. 좋은 아이디어도 있고 별 볼 일 없는 것도 있다. 연필 없이 머릿속으로만 생각한 것들은 보통 시답잖은 아이디어였던 것으로 밝혀지지만, 그럼에도 나는 이 과정을 거쳐야만 디자인을 할 수 있다. 크리스마스 천사는 아래와 같은 방법으로 떴다.

  56코를 잡는다. 왜냐하면 천사는 치마 밑단부터 시작해야 하니까. 치마는 7코마다 안뜨기를 하나씩 넣어 고무뜨기를 한다. 7×8=56.

  두 단을 K7, P1으로 뜬 뒤에 이런 생각이 들었다. 천사의 치맛단에 무늬가 있으면 안 될 이유가 있나? 다이아몬드 무늬가 좋겠다. 무늬를 뜨는 동안 실을 7코에 걸쳐 건네는 게 싫어서 무늬 가운데에도 안뜨기를 하나 넣기로 했다. 당연히 곧바로 안뜨기를 하는 건 아니다. 새로운 색 실을 가져오면서 안뜨기를 하는 건(여러분이 어떤 특정 효과를 본 후가 아니라면) 아마추어처럼 보일 테니까. 첫 무늬 단에서는 파란색 3코, 흰색 1코로 떴다. (내가 가지고 있는 실은 흰색 합성섬유 실뿐이었다. 세상에, 이걸 어디서 샀더라? 아, 그렇지. 새로운 실 가게가 문을 열어서 격려가 될까 싶어 갔는데, 내가 좋아하는 색상 중에는 울 100% 실이 없었다.) 그 바람에 무늬가 다소 두꺼운 실로 떠졌는데, 그래도 꽤 봐 줄 만하다는 사실은 인정해야겠다. (무늬를 뜰 때는 두꺼운 실로 뜨는 편이 무늬도 선명하게 보이고 근사하다. 얇은 실로 뜨면 거미줄처럼 보이거나 무늬가 두드러지지 않는 경향이 있다.) 두 번째 무늬단에서도 역시 안뜨기를 하나 넣었다. 이 무늬는 다섯 단으로 되어 있고(꽤 단순한 다이아몬드다), 무늬를 마치고 난 뒤에는 일곱 개의 고무뜨기 무늬 하나당 한 코씩 줄였다(49코). 계속 파란색 실로 떴고, 첫 단에서는 고무뜨기를 할 때 첫 코가 안뜨기이더라도 겉뜨기를 해야 한다는 사실을 잊지 않았다. 고무뜨기의 겉뜨기 부분에서 7단마다 한 코씩 줄여 21코가 될 때까지 떴다. 그런 뒤 양옆에 구멍무늬를 만들고(YO, K2tog) 마지막 10단을 모두 겉뜨기하다가 마지막 단은 모두 K2tog 했다. 실을 자르고, 실을 통과시킨 뒤 당겨서 천사의 머리 윗부분에서 매듭을 지었다. 머리에는 솔방울을 꽂고, 목 부분에서는 실을 살인적이라 할 만큼 단단하게 묶었다. 팔에는 아이코드를 4인치(10cm) 가량 떠서(부록 참조) 두 구멍으로 잡아당겼다.

이 천사가 제대로 서 있을지 의심스러웠지만 블로킹을 찬찬히 했으니 괜찮을 거라고 생각했다. 종이로 원뿔을 만들어 세우고, 양팔에 와이어를 관통시키고 머리카락도 붙였다. 천사는 고무단과 다이아몬드 무늬가 들어간 치마를 입고서 꽤 잘 서 있었다.

영감은 "꼭 인형 모자 같다"고 했다. 맞다. 나는 곧 84코 또는 그 이상의 코를 잡아서 1인치에 5코 게이지로 괴물 천사를 만들 것이다. 팔에 구멍을 뚫는 대신 굵은 바늘로 뜨면 나중에 봐도 감쪽같은 구멍을 만들 수 있다. 치마 둘레에는 여러 색깔의 무늬를 넣을 것이다. 나무와 별, 작은 천사들까지. 이것을 크리스마스 선물로 손자에게 줄 것이고, 열두 밤이 지나면 모자로도 쓸 수 있다.

그런데 사실 내 마음은 크리스마스의 소소한 것들을 디자인하는 데에 집중하고 있지 않다. 내 뇌는 양말의 뒤꿈치 디자인으로 가득 차 있기 때문이다.

여러분은 발뒤꿈치에 송곳이 달린 남자들을 위해 양말을 떠본 적이 있는가? 나일론실을 섞어 튼튼하게 뜬 부분만 제외하고 나머지 부분에 계속해서 구멍을 만드는 남자들

말이다. 나는 있다. 영감의 부츠나 신발을 살피다 보면 뒤꿈치를 꿰매야 하는 양말이 나올 때가 한두 번이 아니다.

이런 어려움을 해결할 방법이 드디어 떠올랐다. 뒤꿈치에다 박차 비슷한 것을 만드는 것이다.

나일론실을 연결한 뒤 다리 부분의 절반 콧수로 평소처럼 힐플랩heel-flap을 시작한다. 콧수만큼의 단을 뜨고 나면(대개 28단. 영감의 양말은 56코인 경우가 많다) 발뒤축heel-turn으로 넘어가는데, 다음의 방법을 따라 평소와는 다르게 뜬다.

첫 단의 시작 부분에서 1코를 줄여 콧수가 홀수가 되게 한다. 중앙으로부터 1코 남은 지점까지 겉뜨기(이 경우 13코)를 한 뒤, 걸러뜨기 1코, K2tog, psso(2코 줄임). 끝까지 겉뜨기. 안뜨기 1단. 위 두 단을 반복하여 겉뜨기 단의 가운데에서 2코줄임을 한다. 1/4코가 남을 때까지(이 경우는 7코). 이제부터는 평소처럼 뜬다. 이 독특한 힐플랩의 양옆에서 코를 주워 나일론 없이 떠간다. 평소보다 콧수가 많기 때문에 두 단 마다가 아니라 매 단 양옆에서 1코씩 줄일 것이다. 이것이 발등 부분이다. 이제 평소 하던 방법으로 마무리하자.

완성된 양말은 뒤꿈치 부분이 튀어나와 있기 때문에 형태가 일반 양말과는 조금 다르게 보일 것이다. 하지만 일단 신어 보면 잘 맞는다. 무엇보다 양말을 갈아버리고 마는 그 발뒤꿈치들을 어리둥절하게 만들 게 분명하다고 장담한다 (아직까지는 잘 신고 있다).

어제는 스라소니를 봤다. 우리는 호수 한쪽에서 카누를 타고 지금은 비버 댐으로 막혀 늪이 된 곳으로 향했다. 모터를 비롯한 무거운 물건들을 잡동사니마냥 싣고 카누로 댐을 건넌 것이다. 연못을 건너 두 번째 댐으로 향하다가 정신을 차려보니 트라팔가 광장만 한 작고 검은 연못에 도착해 있었다. 그 연못가는 늪과 키 큰 가문비나무로 둘러싸여 있었다. 근사한 낭상엽 식물도 눈에 띄어서 우리는 이곳에 거대 물고기의 조상이 살았던 게 틀림없다고, 심지어 오래전 비버 댐이 건설되는 동안에도 방해받지 않고 살아남은 게 분명하다고 확신했다. 그 식물의 지붕은 이끼와 풀로 덮여 있어서 웬만해서는 뚫릴 것 같지 않았다.

하지만 우리가 틀렸다. 이 고립된 호숫가에 있는 북부 식물들은 발육이 멈춘 상태였고, 물이 탁해서인지 색상도 매우 어두워 보였다. 영감은 아마도 식량 공급이 부족했을 것이라고 말했다.

벌레잡이 식물을 가까이서 보기 위해 늪으로 들어가는 길을 찾고 있을 때, 어디선가 물 튀기는 소리가 들렸다. 한쪽에는 털북숭이 귀가 두 개 달려 있고 다른 쪽에는 털뭉치처럼 생긴 꼬리가 달린, 탁한 색깔의 펠트 같은 무언가가 내는 소리였다. 그것은 늪에서 튀어 올라 수풀로 들어갔다가 덤불로 뛰어들더니 순식간에 숲속으로 사라졌다.

그게 무엇이고 거기에서 무엇을 하고 있는가에 대한 질문은 금세 답을 찾았다. 꽥꽥대는 소리와 함께 청둥오리 한 마리가 날아올랐기 때문이다. 그것은 점심식사를 준비 중이던 스라소니였다.

우리도 늪에 있는 섬의 나무 아래에서 소박한 점심을 먹었다. 식사를 마친 뒤 영감은 카누를 그렸고, 나는 정체를 알 수 없는 세 개의 꽃씨를 수채화로 그렸다. 우리는 다시 카누를 타고 두 개의 댐을 지나 낚시를 하러 갔고, 오늘 하루에 만족했다.

내가 뜨개에 게을러졌다고 생각하지는 말기를. 나는 그 박차 달린 양말에 대한 생각을 이제야 겨우 떨쳐버리고 크리스마스 천사 모자를 마무리하는 중이며, 줄바늘 탄생 이전의 암흑시대 B.C.N.(Before Circular Needles)에 갇혀 있으니까.

뜨개하는 사람에게는 용납되지 않는 어리석은 일을 하고야 말았다. 3.75mm 굵기의 40cm 줄바늘을 챙기지 않고 집을 나선 것이다. 느슨하게 떠야 하는 배색 패턴이었으므로 이것이 엄청난 난관이 될 것이라는 사실도 알았다. 양말바늘 세 개에 나누어 걸은 코를 빠뜨리지 않도록 편물을 있는 힘껏 쥐고 뜨는 일은 현실적으로 불가능하다. 나는 7인치(18cm) 바늘 네 개를 가지고 96코를, 두 가지 색으로 뜨고 있었다. 에드워드 7세 시대의 작가들이 흔히 말하는 것처럼 Blankety-Blank(빌어먹을!)이다.

나는 약 2인치를 뜬 후 뜨개를 멈추고 강한 정신력을 발휘하여 다음과 같은 결과를 얻었다:

양말바늘 네 개로 뜨기에 콧수가 너무 많다면, 그런데 줄바늘이 없다면, 돗바늘과 실로 밑단을 꿴 뒤 세게 조인다.

이렇게 하면 문제가 해결된다. 이 방법을 50년 전에 알았더라면 좋았을걸. 뜬 편물이 너무 길다면 고무줄 같은 것으로 묶는 것이 현명할 때도 있다. 하지만 그때쯤이면 나는 집에 도착해 줄바늘로 바꿔 뜨고 있겠지.

어떤 일이든 많이 해 볼수록 방법을 더 많이 알게 된다. 열린 마음만 있다면 기존의 방법을 개선할 수도 있다.

이를테면 나는 오른쪽 바늘에 매듭을 만드는 것으로 시작하는 롱테일 캐스트온을 지금까지도 꽤 자주 사용한다. 그런데 원통으로 뜰 때는 그 매듭을 깔끔하고 효과적으로 숨기기가 어려워서 짜증이 난다. (물론 아주 약간이지만 어쨌든 짜증이 안 나는 건 아니다.) 나는 매듭을 없애려고 이리저리 궁리했고, 결국 성공했다. 또 하나의 사소한 고민거리가 영원히 해결됐다.

첫 코가 만들어질 오른쪽 바늘 위로 실을 얹는다. 왼손으로 실 끝을 잡고 엄지손가락과 검지 사이에 실이 놓이게 한 뒤 평소처럼 코를 잡는다. 그러면 매듭이 없어지면서 접합 부분이 평소보다 훨씬 깔끔해진다.

그것이 마지막 단계였다. 다음 날은 날씨가 좋지 않아서 강풍이 심하고 물살이 거셌다. 우리는 아침에 일어나 8시까지 짐을 꾸린 뒤, 믿음직한 차를 타고 높은 파도와 흰 물결을 통과해 집으로 돌아왔다. 무서웠지만 잘 해냈다.

그 후로 작은 크리스마스 아이템이 한 가지 더 떠올랐다. 오렌지, 사과, 라임, 레몬으로 장식된 크리스마스트리를 좋아한다면, 또는 예쁘게 장식된 부활절 달걀로 트리를 장식하고 싶다면 여러분도 이 아이템을 좋아할 것이다. 문제는 그것들을 나무에 어떻게 달 것인가다. 끈으로 묶는 것은 현실적으로 불가능하다. 끈을 묶기 위해 못이나 부엌 성냥 같은 것으로 달걀을 뚫으면, 아마도 제철이 오기도 전에 상해서 바닥을 데굴데굴 구를 테니까. 작년까지는 철사 같은 것으로 묶었지만 올해는 뜨개 그물을 사용할 것이다.

과일용 그물을 뜨기 위한 간결한 지침

에밀리 오커의 방법으로 6코를 잡은 뒤 세 개의 바늘에 두 코씩 나눈다. 원통으로 뜬다.

1단: *K1, 감아코로 2코 만들기.*부터 반복. (총18코)

2단, 3단, 4단은 모두 겉뜨기.

5단: *K1, 감아코로 1코 만들기. 2코를 바늘에서 풀어낸다.*부터 반복. (총12코)

6단: 모두 겉뜨기한 뒤 실을 자른다. 마지막 코와 첫 코를 탄탄하게 묶는다. 15인치(38cm) 길이의 다른 색 실을 모든 코에 통과시켜 매듭으로 묶는다. 아직 바늘이 걸려 있다면 바늘을 제거한다. 오렌지가 완성됐다. 바늘에서 풀어낸 코가 최대한 늘어나게 한다. 오렌지를 더 작게 만들고 싶으면 4단을 생략한다.

코에 실을 통과시켜 묶을 때 다른 색깔의 실을 사용하면 나중에 오렌지를 더 쉽게 찾을 수 있다. 짙은 녹색으로 만들면 나무의 녹색에 묻혀 잘 안 보일 수도 있다.

나는 워스티드 굵기의 실과 6mm 굵기의 나무 바늘을 사용했다. 이렇게 굵은 바늘로 적은 콧수를 뜨는 일에 익숙해지고 나면, 메탈실로 뜨는 것도 시도해 보자. 욕심을 내려놓고 이 방법으로 장바구니를 만들어 봐라. 잘 안 될 것이다. 메탈실이 물건에 달라붙어서 코가 엄청나게 당겨질 테니까.

별을 뜨기 위한 간결한 지침

단단한 느낌의 실이라면 무엇이든. 막대바늘 한 쌍. 55코를 잡는다(5코×11). 가터뜨기로 뜬다.

1단: K4, 걸러뜨기 1코, K2tog, psso, (K8, 걸러뜨기 1코, K2tog, psso) 4번, K4.

2단: K3, 걸러뜨기 1코, K2tog, psso, (K6, 걸러뜨기 1코, K2tog, psso) 4번, K3.

3단: K2, 걸러뜨기 1코, K2tog, psso, (K4, 걸러뜨기 1코, K2tog, psso) 4번, K2.

4단: K1, 걸러뜨기 1코, K2tog, psso, (K2, 걸러뜨기 1코, K2tog, psso) 4번, K1.

5단: (걸러뜨기 1코, K2tog, psso) 5번.

마지막 5코에 실을 통과시킨 뒤 팽팽하게 당긴다. 5단의 양옆을 꿰맨다. 정성스럽게 블로킹을 한다. 각 모서리가 최대한 뾰족해지도록 핀을 꽂는다. 잘 말린다. 시작 콧수가 더 많을 때는 총 콧수가 절반까지 준 시점부터 코줄임단 사이에 겉뜨기 단을 넣어라.

나무를 뜨기 위한 간결한 지침

단단한 느낌의 실이라면 무엇이든. 막대바늘 한 쌍. 77코를 잡는다(7코×11), 가터뜨기로 뜬다.

1단: K4, 2코 한꺼번에 걸러뜨기, K1, 2코로 한꺼번에 덮기, (K8, 걸러뜨기 2코, K1, 2코로 한꺼번에 덮기) 6번, K4.

2단: 겉뜨기. 원한다면 2코줄임을 모두 안뜨기해도 된다.

3단: K3, 2코 한꺼번에 걸러뜨기, K1, 2코로 한꺼번에 덮기, (K6, 걸러뜨기 2코, K1, 2코로 한꺼번에 덮기) 6번, K3.

4단: 2단을 반복.

5단: K2, 2코 한꺼번에 걸러뜨기, K1, 2코로 한꺼번에 덮기, (K4, 걸러뜨기 2코, K1, 2코로 한꺼번에 덮기) 6번, K2.

6단: 2단을 반복.

*K14, 편물 뒤집기, 겉뜨기로 돌아오기. K11, 편물 뒤집기, 겉뜨기로 돌아오기. K8, 편물 뒤집기, 겉뜨기로 돌아오기. 4코 잡기. K9, 편물 뒤집기, 겉뜨기로 돌아오기. 한 단을 K,

*부터 반복. 중앙까지 겉뜨기하고 절반을 함께 잇는다.

천사를 뜨기 위한 간결한 지침

좋아하는 실이라면 무엇이든. 네 개의 막대바늘로 쫀쫀하게 원통뜨기를 한다. 56코를 잡는다. 한 단을 안뜨기로 뜬 뒤 겉뜨기 7, 안뜨기 1을 반복하며 고무뜨기 7단을 뜬다(두 단 뒤부터 별무늬 넣기).

*7코를 골고루 줄인다. 6단을 뜬다. 21코가 남을 때까지 *을 반복한다. 10단을 겉뜨기로 뜬다. 다음 단 전체를 K2tog로 뜬다. 코막음을 한 뒤 동그란 머리 부분을 만들기 위해 자투리 실을 넣는다. 목 부분은 실을 꽉 조여 당긴다. 팔은 아이코드를 만들어 넣고 머리에는 풀린 실을 붙인다. 자수를 놓거나 색을 칠한다.

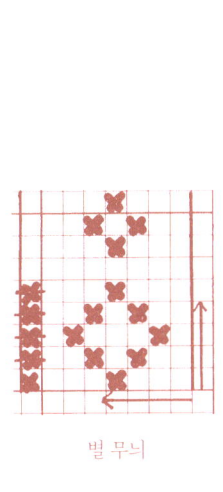

별 무늬

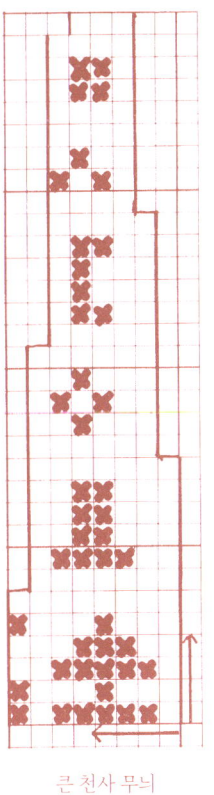

큰 천사 무늬

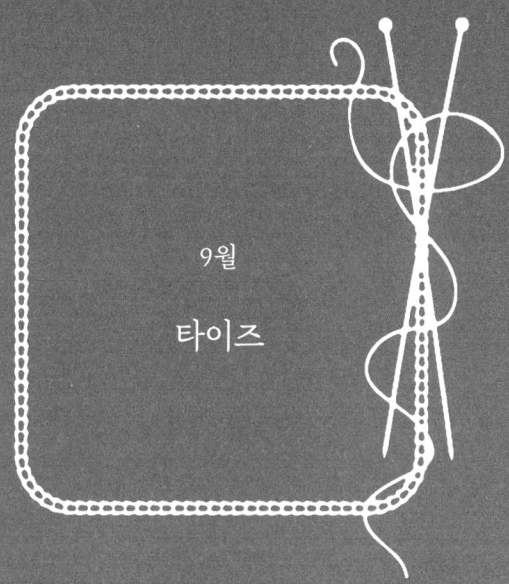

9월

타이즈

9월은 한 해가 논리적으로 시작되는 달이다. 여름 더위가 거의 물러가고, 날씨가 상쾌해지고, 학교는 문을 열어 우리가 사랑하는 아이들을 맡아주고, 어른들의 활동이 시작되고, 엄마들은 무언가를 다짐하며 할 일 목록을 만든다.

모든 아이들이 신비하고 매력적인 뜨개의 매력에 빠져들 수 있도록 뜨개를 목록 첫 번째에 두자.

가터뜨기를 연습하기에 좋은 첫 번째 프로젝트는 냄비손잡이다. 얇고 잘 뭉치고 지저분해지고 구멍투성이가 되겠지만, 꽤 빨리 완성할 수 있어 많이 만들기에 좋다.

힘을 북돋아 줄 적절한 도구와 재료를 제공하자. 열성적이고 의지 강한 아이가 무거운 6mm 알루미늄 바늘과 자투리 실을 든 채 고군분투하는 모습을 지켜보는 일보다 슬픈 일은 없다. 색깔이 다른 3.75mm나 4mm 굵기의 가벼운 플라스틱 바늘 두 쌍에 투자를 하자. 다양한 실에도. 그렇다. 결과가 개탄스러울 수도 있다는 것을 알지만, 아이들은 다양한 실에 홀딱 빠진다. 서로 다른 색깔의 바늘을 한 쌍으로 쓰게 하면 겉뜨기 단과 안뜨기 단을 교대로 뜰 때 도움이 된다. 그리고 바늘 하나를 잃어버려도 두 개가 남아 있다.

    코를 빠뜨려서 낙담한 아이가 뜨던 것을 들고 왔다면, 몇 코를 더 떠주거나 몇 단을 더 떠주어 완료 속도를 높여주자. 그런 뒤 냄비 손잡이를 스토브 뒤에 걸어 놓고, 쓰고 쓰고 또 쓰자. 아마도 여러분이 가진 가장 효율적인 냄비 손잡이가 될 수는 없을 테고 손은 여전히 뜨겁겠지만 그래도 쓰자. 써보면 그 냄비 손잡이의 우수성이나 아름다움에 대해 언급할 필요도 없다. 저절로 알게 될 테니까. 그리고 쓰다 보면 어느새 낡고 너덜너덜해질 텐데, 그것이야말로 최고의 감사이자 격려다. 그리고 곧 다른 냄비 손잡이를 뜨기 위해 새로운 코를 잡게 될 것이다.

    내가 후회하는 일이 있다. 즐겨 가던 가게에서 아이들이 후추와 소금 세트를 사 준 적이 있는데, 내가 그걸 쓰지 않았다는 것이다. 그 후추와 소금은 어딘지 이상하고 작고 무엇보다 계속 리필해야 할 것 같아서 나는 그것들을 쓰지 않고 유리 찬장 안에 넣어 부엌을 장식하는 척했다. 물론 아무도 속지 않았고, 아이들은 해마다 새로운 후추와 소금 세트를 주었다. 어리석고 제멋대로인 나는 원래 쓰던 검증된 후추와 소금을 계속 썼다. 휴우, 어떤 추억은 엄마를 기쁘게 하지만 어떤 추억은 평생 후회하게 한다.

아이와 함께 앉아 뜨개를 하자. 아이들이 완벽한 냄비 손잡이를 뜨는 동안 여러분은 긴 바지 한 벌을 뜰 수 있다. 꽤 나쁘지 않은 보상이다.

새로운 뜨개 잡지가 나올 때마다 나는 유기적으로 디자인된 바지, 슬랙스 또는 타이즈를 찾기 위해 훑어본다. 하지만 헛수고다. 심지어 아기용 레깅스마저도 두 조각으로 뜬 뒤 꿰매는 방식으로 되어 있다. 바지 같은 원통형 아이템을 만드는 디자이너들의 마음속에는 "줄바늘"이라는 용어가 떠오르지 않는 걸까? 아무래도 그런 것 같다.

우리가 최초가 되어보자. 하늘이 내려준 줄바늘로 이 실용적인 옷을 완성해 이 거리에서, 이 마을에서, 이 카운티에서 최초가 되는 것이다. 줄바늘로 뜨기에 편물이 너무 작다면 양말바늘 네 개로 뜨면 된다. 핵심은 불편하게 툭 튀어나온 솔기를 없애는 것인데, 특히 발을 밀어 넣어 입어야 하는 옷에서는 이 부분이 더 중요하다. 게다가 바느질한 솔기는 장식의 역할을 거의 하지 못하며 굉장히 못생겨질 때도 있다.

먼저 2월 챕터에서 언급한 적 있는 아기용 레깅스를 보자. 일단 하나를 떠보면 더 큰 사이즈로도 뜨고 싶어질 것이다. 발레 무용수와 스케이트 선수들은 반드시 레깅스를 입어야 하고, 수줍음 많은 주부도 몹시 추운 날 장을 보러 나갈 때 슬랙스 아래에 레깅스 입기를 좋아한다. 나는 집에서 입는 치마 아래에 레깅스를 입고 부츠를 신고 따뜻한 코트에 털모자와 장갑까지 착용한 뒤 빠른 걸음으로 슈퍼마켓에 간다. 거의 다른 사람처럼 보이는 복장을 하고서 말이다.

누구나 다른 사람처럼 보이고 싶을 때가 있다. 특히 아이들은 더 그렇다. 겨울에 긴 스웨터나 치마 속에 입기에 뜨개 타이즈보다 더 좋은 게 있을까. 뜨개 타이즈는 생각보다 훨씬 빨리 만들 수 있다. 무게도 평균 스웨터보다 더 나가지 않고, 떠야 하는 코가 딱히 더 많지도 않다. 그러니 스웨터를 뜰 때 필요한 만큼의 실을 준비하자. 4온스(113g)짜리 워스티드 굵기의 실 5타래 정도다. 40cm와 60cm 줄바늘, 그리고 게이지에 맞는 양말바늘 네 개를 준비하자(실 가게 점원이 도와줄 것이다). 그런 뒤 스와치를 뜨자.

스와치는 최소 4인치(10cm) 넓이여야 한다. 작은 냄비 받침과 크기가 거의 같아야 하며 메리야스뜨기로 뜬다. 스와치를 냄비 받침으로 쓸 거라면 가터뜨기로 테두리를 둘러서 가장자리가 말리지 않게 해도 좋다. 요점은, 테두리를 제외하고 스와치 가운데 부분에서 3인치(7.6cm)를 측정할 수 있을 만큼의 너비가 나와야 한다는 사실이다. 게이지를 측정할 때 가장자리는 의미가 없다. 스와치 편물에 정확히 3인치 간격으로 두 개의 핀을 수평으로 꽂고, 두 핀 사이의 콧수를 반코까지 놓치지 않고 꼼꼼히, 그리고 정직하게 세자. 그렇게 잰 콧수를 3으로 나누면 1인치당 게이지가 나온다.

12코라면 게이지는 1인치당 4코다.
13코라면 게이지는 1인치당 4.333코다.
14코라면 게이지는 1인치당 4.666코다.
15코라면 게이지는 1인치당 5코다.
16코라면 게이지는 1인치당 5.333코다.
17코라면 게이지는 1인치당 5.666코다.
18코라면 게이지는 1인치당 6코다.

이렇게 영원히 계산할 수 있다. 여러분이 12코, 15코 또는 18코를 떠서 1인치당 각각 4코, 5코, 또는 6코를 얻었기를 바란다. 만약 정확히 3으로 나누어떨어지지 않는다면, 딱 떨어지는 게이지가 나올 때까지 바늘 굵기를 바꾸면 된다.

3인치를 측정해서 3으로 나누는 이유는, 1인치를 측정할 때 1/2코나 1/3코를 무시하고 싶은 유혹에서 벗어나기 위해서다. 이렇게 하면 완성한 옷의 치수를 예상하기 쉬워진다. 어릴 때 나는 1/2코나 1/3코를 무시하고 싶은 유혹에 굴복하고는 했고, 그런 유혹에서 벗어나기 위해 3인치

측정 방법을 고안했다는 말을 서둘러 덧붙인다. 3인치 이상을 재면 1/2코나 1/3코 정도의 오차가 거의 문제가 되지 않는다는 것이 입증되었지만, 1인치만 재면 재난이 닥칠 수도 있다.

그러니 현재 조건(실의 두께, 바늘 굵기 및 마음 상태)을 적어 놓은 뒤 몇 가지 치수를 재자.

발목, 무릎, 허벅지, 엉덩이, 허리를 측정하고 게이지를 곱한 후 빈칸에 답을 적는다. 모든 측정값은 둘레를 나타내며, 길이 측정값은 입어 보면서 결정될 것이다.

발목 ……… 인치
무릎 ……… 인치
허벅지 …… 인치   X 1인치당 게이지
엉덩이 …… 인치
허리 ……… 인치

= ……코
= ……코
= ……코
= ……코
= ……코

성인용 타이즈는 두 다리를 먼저 떠서 합체하는 것이 더 해부학적이기 때문에 아래에서 위로 올라가며 뜨는 것이 좋다. (기저귀를 차는 아기의 경우 가랑이 솔기가 양옆으로 가게 하는 것이 좋다.) 원한다면 두 다리를 동시에 뜨고, 신어 보면서 적절한 길이인지 확인하자.

양말 부분은 다른 부분보다 더 자주 세탁해야 하기 때문에 차라리 발이 없는 편이 낫다는 것이 내 생각이다. 발이 있는 것을 원한다면 보이지 않는 코잡기(부록 참조)를 사용하여 마지막에 발을 추가한다.

자, 이제 양말바늘을 쥐고 발목부터 시작한다. 계산한 콧수만큼 코를 잡는다. 1인치를 각자가 정한 방식으로 뜬다. 고무뜨기나 가터뜨기, 멍석뜨기 같은 기법으로 약 1인치를 뜬다. 메리야스뜨기로 바꾸어서 5인치(12.7cm)가 될 때까지 뜬다. 이제 종아리 형태를 만들기 위해서 40cm 줄바늘로 바꾼다.

뒷중심의 두 코를 마커로 표시한 뒤 그 양옆에서 원하는 방법으로 1코씩 늘린다. 나는 감아코로 1코 만들기를 좋아해서, 첫 코늘림 때 왼쪽 집게손가락에 실을 꼬아 감아코 만드는 방법을 연습했다(부록 참조). 이렇게 하면 코가 대칭으로 늘어나는데, 원하지 않으면 꼭 이렇게 할 필요는 없다. 원하는 방식으로 늘리되, 늘림코 사이에 두 코는 꼭 넣어라. 그렇지 않으면 늘림코들이 소용돌이무늬처럼 보여 당황스러울 수도 있으니까.

두 단을 뜨던 대로 뜨고 코늘림을 두 번 더 한다. 여러분이 계산한 무릎 콧수에 다다를 때까지 세 단마다 코늘림을 한 뒤 무릎까지 떠 올라간다.

이제 안다리 선inseam 코늘림을 시작하자. 종아리에서 코늘림 한 수직선으로부터 종아리 콧수의 1/4만큼 떨어진 곳이 안다리 선이 된다. 올바른 자리에 와 있는지 잘 확인해야 한다. 그래야 안다리 선이 서로 마주 볼 수 있다. 그러니까 오른쪽 다리에서는 종아리 코늘림을 한 자리를 지나서일 것이고, 왼쪽 다리에서는 종아리 코늘림을 한 자리 전일 것이다. 여러분이 계산한 허벅지 콧수에 다다를 때까지 세 단마다 두 코 비율로 늘려 나가자. 이제 가랑이 부분까지 곧장 떠 올라간다.

이 코늘림은 평균적인 다리 길이를 상정한 것이다. 짧고 통통한 다리라면 코늘림을 세 단마다가 아니라 두 단마다로 수정해서 단과 단 사이 거리를 조밀하게 할 수 있다. 가늘고 긴 다리라면 네 단마다 한 번씩 코늘림을 해도 된다. 하지만 너무 고민하지는 말자. 편물은 신축성이 좋아서 입다 보면 작은 실수는 잘 보이지 않는다.

두 다리를 합치기 전에 길이가 적당한지 입어 보자. 그런 뒤 가랑이 부분 코들을 별실에 옮긴다. 가랑이 콧수를 정확하게 계산하기 위해 허벅지 콧수에서 엉덩이 콧수의 절반을 뺀다. 대략 3인치(7.6cm) 혹은 12코에서 6코를 더하거나 뺀 콧수일 것이다. 콧수는 허벅지와 엉덩이의 상대적 비율에 달려 있다.

이제 60cm 줄바늘에 모든 코(가랑이 부분의 코는 제외)를 옮기고 10단가량 뜬다.

다음으로 허리 형태를 만든다. 양쪽 사이드에서 두 코씩을 표시한 뒤, 각 사이드에서 세 단마다 한 코씩 줄인다. 효율적으로 줄이는 비율은 다음과 같다:

마커로 표시한 두 코로부터 한 코 남은 지점에서 K2tog를 한 뒤, 표시한 코와 그다음 코로 SSK를 한다. (원한다면 한 코만 마커로 표시하고, 거기서부터 한 코 남은 지점에서 걸러뜨기를 한 코 한 뒤 K2tog를 한 다음, 걸러뜨기 했던 코로 K2tog 코를 덮을 수도 있다. 또는 두 코를 모두 걸러뜬 뒤 다음 코를 겉뜨기하고, 걸러뜨기 했던 두 코로 겉뜨기 코를 덮을 수도 있다. 심지어 원한다면 세 코를 한꺼번에 겉뜨기할 수도 있다. 어떻게 해도 상관없지만 코줄임 선이 수직선으로 보여야 한다는 것만 주의하자.) 각자 계산한 허리 콧수에 다다랐다면 밑위길이가 꽤 깊게 떠졌을 것이다. 아직 부족하다면 배꼽 근처까지 올라오도록 몇 단을 더 뜨자. (마른 사람이라면 앞과 뒤에 코줄임을 배치하는 편이 좋다.)

이제 허리 뒷부분 형태를 만든다. 앞판 중앙의 1/4코를 별실에 걸어두고 남은 3/4을 평면뜨기로 뜬다. 떠야 할 콧수가 쑥쑥 줄어들도록 각 단의 끝부분에 한 코 이상을 남기면서 되돌아뜨기한다. 허리 콧수의 절반이 남았다면 단 전체를 2.5인치(6.3cm)가 될 때까지 2코 고무단으로 뜬다. 원한다면 YO를 해 아일렛 무늬를 넣고, 안뜨기 무늬에서는 두 코를 함께 안뜨기해도 된다.

   고무단을 느슨하게 코막음 하고, 가랑이를 잇고, 발등 아랫부분에 넓은 고무 밴드를 넣는다. 허리 부분의 아일렛에는 좁은 고무밴드를 넣는다. 이제 끝났다.

   가끔 나는 발목 아래 밑단을 넓게 떠서 발을 덮고 싶을 때가 있다. 그러기 위해서 처음 생각한 발목 콧수보다 24코를 더 잡는다(4의 배수). 테두리를 뜰 때 이 여분의 코를 두 단마다 두 코씩 대칭으로 줄인다. 이렇게 만들어진 여분의 밑단은 발 아랫부분에서 넓은 고무밴드나 줄을 떠서 연결한다.

   통이 좁은 슬랙스를 원한다면 무릎 콧수와 같은 콧수로 시작하자. 와이드팬츠는 허벅지와 같은 콧수로 시작해 가랑이까지 곧장 떠 올라가면 된다. 많은 콧수로 시작해서 가랑이까지 점점 줄여나가 나팔바지를 만들 수도 있다. 금방 지나갈 유행 같아서 내 관심사와 실행 욕구에서 벗어나기는 하지만.

   여러분이 레깅스에 배색 무늬를 넣는 것을 막을 것은 아무것도 없다. 예쁘고 가는 바지에 배색 무늬를 넣으면 근사하다. 그러나 반드시 기억해야 할 것은 실을 느슨하게 옮겨야 한다는 사실이다. 또 한 가지는, 배색 단을 뜰 때 한 실을 오른손에 아메리칸 스타일로 잡고, 다른 한 실은 왼손에 컨티넨탈 스타일로 잡는다. 어떤 무늬에서는 한 색깔로 많이 떠야 하는 구간이 단마다 달라져서 배색실과 메인 컬러 실의 위치가 바뀌는데, 메인 컬러를 잡은 손은 반드시 단을 시작할 때만 바꿔야 한다.

사소해 보일지 모르지만 이 규칙을 간과하면 다음과 같은 두 가지 결과가 벌어질 수 있다.

사랑의 힘으로만 가능할 엄청난 노동으로 언젠가 영감에게 노르웨지안 흑백 무늬가 들어간 스키 스타킹을 떠준 적이 있다. (영감은 니커보커를 입고 크로스컨트리 스키 타기를 좋아한다.) 뒤꿈치와 발등을 뜰 차례가 되었을 때, 나는 발바닥 부분에 흑백이 번갈아 드러나는 세로줄 무늬를 만들기로 했다. 어차피 아무도 안 보는 부분이라 무늬를 뜨는 수고를 줄이기 위해서였다. 게으르지만 영리한 방법이 아닐 수 없다.

완성된 스타킹을 선물 받은 남편은 자랑스럽게 신었으며, 지금도 여전히 잘 신고 있다. 하지만 세탁을 하고 나면 아무리 블로킹을 해도 발바닥의 줄무늬가 울퉁불퉁하게 되었다. 이 고르지 않은 줄무늬는 몇 년 동안 나를 괴롭혔는데, 그렇게 떠진 이유를 이제는 알고 있다. 나는 흑색 실을 든 손과

백색 실을 든 손을 가끔 바꿔가며 떴는데, 두 손의 장력이 달라서 하나의 색이 다른 색보다 더 도드라졌고, 그 결과 잡는 손을 바꿀 때마다 눈에 띄는 색이 달라진 것이다.

두 번째 결과는 눈에도 잘 띄어서 여간 수치스러운 게 아니다. 두 번째 텔레비전 시리즈에 출연해서 스키 스웨터를 뜰 때 나도 모르게 똑같은 실수를 반복한 것이 틀림없다. 어떤 무늬를 번갈아 떠야 하는 단이 있었는데, 그때 손을 바꾼 것 같다. 그 결과 가슴 오른쪽에 끔찍한 검은 줄이 생겼다. 이 스웨터는 《눈물 없는 뜨개》 때 촬영한 것인데 지금은 영원히 안치되어 있다. 아마 뜨개를 하는 사람이라면 〈바쁜 뜨개인〉*도 결국 사람이라는 사실에 위안을 얻을 것이다. 하지만 다음에 기회가 된다면 어두운색 실은 바짝 당기고 밝은색 실은 느슨하게 뜰 것이다.

당시 왜 그런 일이 일어났는지 나는 안다. 그 프로그램은 일주일에 30분씩 여유롭게 방영되던 13주짜리 시리즈였지만 실은 단 2주 만에 만들어졌고, 때로는 하루에 3개의 레슨을 녹화하기도 했다. 어느 날은 카메라맨의 손이 쑥 들어와 더 정신없게 만들었다. (한 번은 클라인이라는 고양이가 소품실에서 길을 잃은 적도 있다!) 나는 정당화된 속임수를 연습하도록 강요받았는데, 이건 내가 2.5벌을 동시에 뜨

* 〈Busy Knitter〉. 짐머만이 출연한 텔레비전 시리즈의 제목이다.

기 때문에 가능했다. 일단 방송에 나가기에 적당한 스웨터를 하나 골라 녹화를 한 다음, 집에 가서 내가 뜬 스웨터를 따라잡기 위해 거의 일주일치 뜰 양을 미친 듯이 뜨고, 다음날 아무 일도 없었다는 듯 히죽거리며 촬영장에 갔다.

고르지 않은 뜨개에 대해서라면 여러분은 해변의 모래알처럼 흔한 사람 중 한 명인가, 아니면 그 반대인가. 그러니까 내 말은, 당신은 겉뜨기를 할 때보다 안뜨기를 할 때 더 쫀쫀하게 뜨는지, 아니면 그 반대인지를 묻는 것이다. 혹시 평면뜨기로 메리야스뜨기를 할 때 모양이 들쭉날쭉하고 뒷면에 실이 뭉쳐 있지는 않은가. 내가 겉뜨기를 쫀쫀하게 뜨는지 안뜨기를 쫀쫀하게 뜨는지 파악한 다음, 조금 굵은 바늘로 바꿔보자. 심각하게 쫀쫀하다면 두 사이즈 굵은 바늘을 써보자(물론 원통뜨기라면 이런 문제가 사라진다).

말하기 민망하지만 진실은 밝혀질 테니까. 뜨개책에 실린 스웨터에는 이러한, 다소 전문적이지 않은 특징이 있다는 사실을 알아차렸는가? 사실이다. 흔하지는 않지만 그렇다고 아무도 모르는 일도 아니다. 그들이 굵기가 다른 바늘을 썼거나 아니면 손이 고른 뜨개인이 대신 떴을 거라고 생각하지 않나? 아마도 그들은 그래도 문제가 없다고 생각했거나 아니면 다른 대처 방법을 알지 못했을 수도 있다. 그러니 우리 같은 뜨개 강사나 뜨개 작가를 무턱대고 믿거나,

책에 실린 모든 내용이 틀림없을 거라고 믿지 말자. 우리는 최선을 다하지만 어쩌면 여러분이 우리보다 나을 수도 있다. 우리를 발전시키는 일에 주저하지 말라.

타이즈를 뜨기 위한 간결한 지침

게이지: 1인치에 5코

재료: 워스티드 굵기의 실 3~5타래. 게이지에 맞는 굵기의 40cm와 60cm 줄바늘, 양말바늘 한 세트.

일단 치수부터 잰다.

발목 ……… 인치		
무릎 ……… 인치		= ……코
허벅지 …… 인치	X	= ……코
엉덩이 …… 인치	1인치당 게이지	= ……코
허리 ……… 인치		= ……코
		= ……코

발목만큼 코를 잡는다. 가터뜨기로 14이랑을 뜬다. 양말바늘 네 개로 원통형을 만든 뒤 5인치(12.7cm)만큼, 또는 종아리 둘레에 올 때까지 뜬다. 뒤 중앙에 2코를 표시한 뒤,

무릎 콧수에 이를 때까지 마커의 양옆에서 세 단마다 1코씩 늘린다. 무릎 콧수만큼 늘렸으면 40cm 줄바늘로 바꾼다. 무릎까지 그대로 떠간다.

안다리 선 부분에서는 두 코를 마커로 표시하는데, 오른쪽 다리에서는 종아리 코늘림(뒷중심)을 지난 1/4 위치, 왼쪽 다리에서는 종아리 코늘림(뒷중심) 전의 1/4 위치에 표시한다. 이 두 지점에서 같은 비율로 코늘림을 하며 허벅지 콧수가 될 때까지 뜬다. 가랑이까지 쭉 떠간다.

허벅지 콧수에서 엉덩이 콧수의 절반을 뺀다. 그 결괏값으로 나온 콧수를 안다리 선 쪽에 별실로 걸어둔다.

남은 모든 엉덩이 코를 60cm 줄바늘로 약 10단 정도 뜬다. 양 사이드에 (또는 앞중심이나 뒷중심에) 2코를 표시한다. 그리고 허리 콧수가 될 때까지 3단마다 마커의 양옆에서 한 코씩 줄인다. 원하는 길이에서 2인치가 조금 못 되는 정도까지 왔으면 앞 중앙 부분이 될 1/4코를 별실에 걸어둔다. 나머지 코를 평면뜨기 한다.

단의 양 끝에서 한 코씩을 남기며 허리의 1/2 콧수가 될 때까지 되돌아뜨기한다. 허리의 모든 단을 약 2.5인치(6.3cm)가량 2코 고무뜨기로 떠간다. 느슨하게 코막음 한다. 가랑이를 잇는다. 발에는 넓은 고무밴드를, 허리에는 좁은 고무밴드를 댄다.

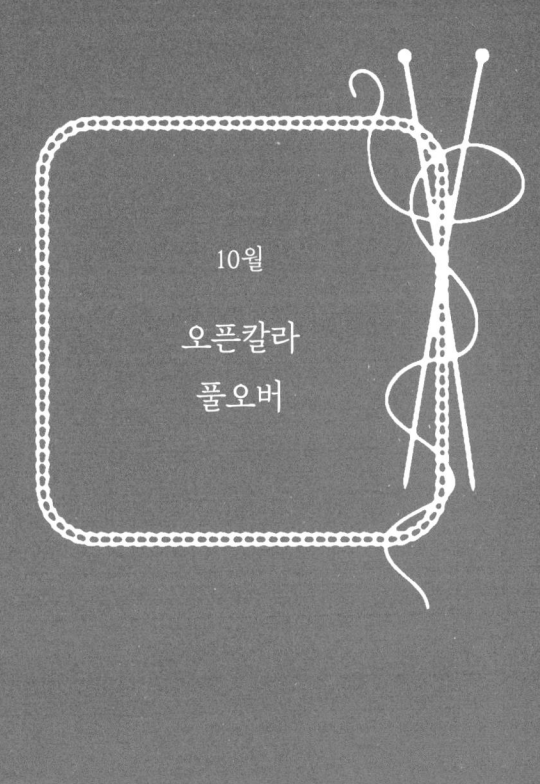

10월

오픈칼라
풀오버

10월은 진정한 뜨개가 시작되는 달이다. 여건도 좋다. 남쪽 창으로 태양빛이 내리쬐고 햇살이 마루를 가로질러 움직이면, 고양이들은 햇볕을 쬐고 기지개를 켜며 햇살을 따라 움직인다. 밥그릇을 실내로 옮겼기 때문에 고양이들은 웬만해서는 밖으로 나가지 않는다.

마당은 겨울 동안 잠들어 있을 테고, 주로 앉아 지내는 뜨개인에게 야외란 정오에 한 시간을 제외하고는 더 이상 매력적이지 않다. 나무 벽시계가 불규칙적으로 똑딱거리고 (고쳐야겠다), 난로 위에서는 주전자가 노래를 부른다.

내가 만든 디자인 중 하나이자 현재는 골프 셔츠라고 불리는 오픈칼라 셔츠를 연구하고 있다. 한 15년 전인가, 너무 복잡해서 설명하기 어렵다는 이유로 제쳐두었던 셔츠다. 실과 줄바늘 다루는 실력뿐 아니라 설명하는 기술도 나아진 지금, 약간 복잡하기는 하지만 이제는 꽤 이해할 만하게 설명할 수 있을 것 같다. 잘 뜨기만 하면 여러분은 내가 완전히 새로운 기술이라고 믿는 무언가를 발견할 것이다.

바로 아이코드로 뜨는 테두리 말이다.

평소처럼 스와치 뜨기부터 시작한다. 그런 뒤 자신의 가슴둘레를 재고 거기에 게이지를 곱한다. 그것이 몸통으로 잡아야 할 콧수다. 내 경우는 이 키넘버가 200코다(40인치 둘레, 1인치당 5코 게이지). 이 숫자는 퍼센티지로 쪼개진다. 아무리 콧수가 많아도 퍼센티지는 같다.

60cm 줄바늘에 키넘버인 200코를 잡고 겉뜨기로 겨드랑이까지 뜬다. 10코(5%)를 줄여서 총 190코를 잡은 뒤 2인치나 3인치(7.6cm) 정도 뜬 뒤 뒤판에서만 골고루 늘릴 수도 있다. 이렇게 하면 밑단이 잘 맞고, 등판이 조금 불룩해진다.

내가 직접 만든 공식 중에 여러분이 유용하다고 생각할 만한 것이 있다. 등판에 걸쳐 균일하게 열 코 간격을 두고 두 개의 옆 솔기 코로부터 일정한 거리를 유지하는 것인데, 뜨고 나면 꽤 편리하다는 걸 알 것이다.

코를 앞판과 뒤판으로 나눈다. 앞판 99코, 뒤판 89코다. 모두 사이드의 솔기 코를 기준으로 나눈 것이다. 안전핀으로 솔기 코를 표시한다. 등판의 89코에 10코를 더 삽입해야 한다. 10에서 1을 빼면 9다. 89를 9로 나누면 9가 9번 들어가고 8이 남으니까, 8코의 절반인 4코를 먼저 뜨고 오른쪽 바늘에 감아코로 1코를 만든다(부록 참조). 지금부터는 9코를 뜨고 1코 만드는 걸 두 번째 솔기 코로부터 4코 남는

지점에 올 때까지 계속한다. 이제 10코가 일정한 간격으로 늘어날 텐데 안전핀을 꼽아둔 솔기 코가 각각 1번 코와 101번 코가 되어 첫 번째 코늘림과 마지막 코늘림 사이의 일정한 간격을 확보해 줄 것이다. 떠 올라갈 때마다 마커도 같이 옮기자. 쓸 만한 친구이자 동료라는 사실이 입증될 것이다.

스웨터를 몸에 꼭 맞게 만들고 싶다면, 등을 가로질러 4인치(10cm)나 5인치(12.7cm)마다 또는 세 번 정도 일정한 간격으로 되돌아뜨기를 넣으면 된다(부록 참조).

소심하거나 뜨개를 시작한 지 얼마 되지 않은 뜨개인은 위의 세 단락을 무시해도 괜찮지만, 빠른 속도로 실력을 향상시키고 있는 전문가라면 읽고, 표시하고, 자기 것으로 만들어볼 수 있다.

겨드랑이까지 떴다면 양쪽의 겨드랑이 코를 별실에 걸어두자. 각각 몸통 200코의 8%인 16코를 잡으면 된다. 앞판과 뒤판의 콧수가 같은지 확인하자. 각각 84코가 있어야 한다. 이제부터 몸통은 잠시 제쳐두고 짧은 소매를 뜨자.

드디어 아이코드 테두리를 소개할 시간이 왔다. 양쪽 소매 밴드에 이 기법을 쓸 것이다. 앞트임과 칼라를 뜰 때 다시 나오니까 제대로 이해해 두는 게 좋다.

아마 알고 있겠지만, 아이코드는 세 코로 이루어진 길고 가느다란 튜브다. 바늘 세 개에 한 코씩 걸고 뜨는 게 불가능한 만큼, 아이코드는 막대바늘 하나에 세 코를 걸고 같은 방향으로 반복해 뜨는 영리한 방법이다. 마지막 세 번째 코와 시작하는 첫 번째 코 사이의 뒤쪽에서 실을 팽팽하게 당겨 편물을 만든다. 부록을 참조하자.

측면 방향으로 뜨는 10코짜리 소매 밴드의 아래쪽에 소매에서 이어 뜨는 테두리를 만들 때도 이 기법을 사용할 수 있다.

먼저 10코를 잡는다. *7코를 뜬 뒤 실을 앞에 놓는다. 마지막 3코를 안뜨기 방향으로 걸러뜬다. 편물을 돌리고 10코를 뜬다. *부터 반복한다. 가장자리가 팽팽하게 당겨질 수 있으니 아이코드만 뜰 때처럼 실을 너무 세게 잡아당기지 말자. 가터뜨기 이랑이 60개가 될 때까지, 즉 200코의 30%가 될 때까지 계속한다. 끝을 잇거나 능숙하게 꿰맨다.

40cm 줄바늘로 밴드의 변을 따라 60코를 줍고, 약 4인치(10cm)를 겉뜨기한다. 혹은 원하는 소매 길이만큼 뜬다. 겨드랑이에서 약 5단마다 3번 2코를 늘려 66코 또는 200코의 33%로 끝낸다. 원한다면 소매를 더 길게 뜰 수도 있다. 여러분 스스로의 판단에 따르기를 추천한다.

몸통과 소매를 겨드랑이까지 마무리하고 나면, 머리를 비운 채 뜰 수 있는 구간이 끝났다는 사실을 알게 될 것이다. 지금부터 모든 일이 한 번에 일어날 것이다.

몸통과 소매 조합하기

별실에 각 소매의 겨드랑이 16코를 옮겨 두고 남은 모든 코 (몸통 168코와 각 소매 50코)를 60cm 줄바늘에 옮긴다. 총 268코를 2단 뜬 뒤 차분하게 다음 작업에 착수한다.

목트임 만들기

이제부터 줄바늘로 평면뜨기를 한다. 앞판의 한가운데를 마커로 표시한다. 200코 스웨터의 경우, 총 84코인 앞판에서 42번째 코와 43번째 코 사이가 될 것이다. 원한다면 링 마커도 괜찮다(나는 안전핀을 더 선호하지만).

 마커로 표시한 지점까지 5코가 남았을 때 감아코로 10코를 만든다. 편물을 돌린다. 겉뜨기 10코. 이어서 뒤판에서 마커 표시 지점까지 5코 남은 곳까지 안뜨기한다. 겉뜨기 7코, 실을 앞으로 오게 한 뒤 안뜨기 방향으로 걸러뜨기 3코. (이것이 오른쪽 아이코드의 시작이다.)

 *편물을 뒤집는다. 끝에서 세 코 남은 지점까지 겉뜨기한다. 실을 앞에 두고 안뜨기 방향으로 세 코를 걸러뜬다. (여기서부터는 왼쪽 아이코드, 트임의 시작이기도 하다.) 편물을 돌린다. 겉뜨기 10코, 끝에서부터 10코 남은 지점까지 안뜨기. 겉뜨기 7코, 실을 앞에 둔 뒤 안뜨기 방향으로 세 코 걸러뜨기. *부터 반복. 이것은 상상하기 어렵고 설명

하기도 어려운 방법이다. 부디 익숙해질 때까지 잘 버티기 바란다. 목선까지 계속 이렇게 뜰 것이고, 곧 어깨를 시작할 테니 얼른 요령을 터득해야 한다.

래글런 숄더 만들기

몸판과 소매를 합체하고 8단을 뜬 다음 4코를 마커로 표시하는데, 앞판의 첫 코와 마지막 코 그리고 뒤판의 첫 코와 마지막 코, 총 4코를 안전핀으로 표시한다.

소매 코가 모두 없어질 때까지 2단마다(겉뜨기 단) 이 네 지점에서 2코씩을 줄일 것이다. 그러면 목과 칼라로 68코(약 200코의 33%)가 남는다.

어떻게 줄일지는 각자 취향의 문제다. 나는 어떤 때는 걸러뜨기 1코, K2tog, psso를 하고, 어떤 때는 걸러뜨기 2코, K1, p2sso를 한다. 앞의 것은 세 코를 원뿔형 천막처럼 만들고, 뒤의 것은 가운데 코가 양옆 코를 삼켜서 코줄임을 한 자리에 선을 만든다. 두 경우 모두 한 번의 코줄임에 세 코가 필요하며, 이렇게 줄인 코는 반드시 마커로 표시된 코이자 다음 코줄임의 가운데 코여야 한다. 이렇게 하면 코줄임 선이 차분하지 못한 뜨개인마냥 이리저리 방향을 바꾸지 않고, 쭉 뻗은 대각선이 된다.

사진 속 스웨터처럼 코줄임을 하려면 각각의 코줄임 위

치의 2코(하나는 몸판에서, 하나는 소매에서)를 마커로 표시하고, 한 번은 오른쪽에서 SSK를 하고, 한 번은 왼쪽에서 K2tog를 하면 된다.

자, 이제 각 단 끝에서 벌처럼 부지런히 아이코드를 만들고, 메리야스 조직의 가장자리 10코를 가터뜨기로 유지하면서 2단마다 네 지점에서 코를 줄인다. 동시에 뜨개책들에서 말하는 것처럼 단춧구멍도 잊지 말자.

단춧구멍

단춧구멍은 오른쪽 앞섶에, 대략 10이랑마다 하나씩 있어야 한다. (뜨는 법은 161쪽 참조).

여러분이 나처럼 게으른 사람이라면 단춧구멍 간격을 신이 준 영감에 맡길 것이다. 5개 이랑으로 된 첫 번째 단춧구멍에서 대략 10이랑쯤 떨어진 거리랄까. 간격이 고르지 않다면 끝부분에 단춧고리를 만들고, 고리의 위치에 맞게 반대편에 작은 진주 단추를 하나 달면 된다.

사진 속 셔츠를 보면 가터뜨기를 한 부분에서 5이랑마다 한 코씩 늘린 것을 알 수 있을 것이다.* 이렇게 하는 게 힘

---

* 가터 단과 메리야스 단의 단수 게이지 차이를 줄이기 위해, 가터 단을 뜰 때 10단에 한 번씩 되돌아뜨기해서 2단 늘렸다는 의미로 추측된다. (옮긴이 주)

들다면 굳이 할 필요 없다.

    소매 콧수가 전부 래글런 안으로 수렴됐다면 자연스럽게 목선에 와 있을 것이다. 고생했다. 이제 칼라를 뜰 차례다.

    먼저 양 끝에서 5단에 걸쳐 세 개의 코로 아이코드를 뜨면서 5코를 없애는데, *세 번째 코를 걸러뜨기한 뒤, 다음 코(트임 테두리의 가터뜨기 코)를 겉뜨기하고, 걸러뜨기한 코로 덮는다. 세 코를 왼쪽 바늘로 옮긴 뒤, *을 총 다섯 번 반복한다. 반대편도 똑같이 한다. 이렇게 하면 깔끔하고 전문가처럼 보이는 목트임을 만들 수 있으므로 수고를 들일 가치가 충분히 있다. 이제 어려운 부분이 모두 끝났다. 남은 것은 칼라다.

칼라

남은 콧수로 칼라를 만든다. 끝부분에 아이코드를 충실하게 둘러 가며 평면뜨기로 가터뜨기를 한다. 200코의 약 33%인 68코가 있어야 한다. 칼라의 끝 매무새를 깔끔하게 하기 위해서 아이코드 바로 뒤 매 단의 시작 부분에서 감아코로 1코를 늘린다. 칼라의 길이가 충분히 길어졌으면(3.5인치 또는 20이랑) 이제 마법을 부릴 차례다.

아이코드 코막음

코막음 하는 또 다른 방법을 상상할 수 있는가. 앞목 부분의 5코에서 했던 것과 똑같은 기법을 쓰면 된다. 왼쪽 칼라 끝에서 시작한다. *첫 두 코를 겉뜨기한 뒤 세 번째 코를 겉뜨기하듯 걸러뜬 다음, 네 번째 코를 겉뜨기하고 psso한다. (또는 SSK가 더 나을 수도 있다. 부록 참조.) 세 코를 왼쪽 바늘에 옮긴 뒤 전체 칼라에 대해 *부터 반복한다. 오른쪽 끝에서 마지막 세 코를 가장자리 세 코와 잇는다.

가짜 솔기를 만들고 싶다면 부록을 참조하라.

겨드랑이 잇기는 99쪽과 부록 참조.

트임 아래쪽에서 코잡은 코를 시침질한다.

원하는 자리에 나중에 생각하는 주머니를 추가한다(부록 참조).

몸판 밑단을 어떻게 만들고 싶은지 결정하자. 긴 스웨터일 경우 많은 사람들이 3월 챕터에 나와 있는 겹단을 좋아한다.

사진에 보이는 셔츠처럼 소매와 어울리도록 밑단에 아이코드를 둘러도 된다. 10코를 잡고 한쪽 가장자리에 아이코드를 만들자. 다른 쪽에는 평소 겉뜨기하듯이 마지막 코를 밑단 코 하나와 함께 겉뜨기한다. 물론 소매에서 한 것과 똑같이 해도 된다. 하지만 스웨터를 아래부터 뜨기 시작할 때 내가 어떤 밑단을 만들지 처음부터 알고 시작하는 경우는 거의 없다. 그래도 잘 떠지지 않나?

  어떤 불만이 나를 괴롭히는지 여러분은 추측이 가는지? 나는 되도록 평면뜨기를 피하고 싶은 사람이다. 이 스웨터의 후반부를 뜨면서 내가 한 생각은 그것뿐이다. 어떻게 하면 목트임과 칼라를 모두 원통뜨기로 뜰 수 있을까.

  (이 글을 읽은 영감이 이렇게 말했다. "사람들이 당신을 고소할 거야." "왜?" "그 사람들 전부 대머리가 될 테니까." "무슨 소리야?" 그러자 영감 왈, "머리를 쥐어뜯을 거 아냐.")

  피하지 말자. 나는 한 단을 뜬 뒤 트임이 시작될 때 30코를 새로 잡아 주머니처럼 만들었다(트임이 앞뒤로 겹쳐지는 부분). 이 코들은 목에 다다르면 없어질 것이다. 나는 공포에 사로잡히지 않고 편물 자르는 방법을 알려줄 것이지만(내 도안은 편물을 자르는 디자인이 많은데, 사람들이 내게 이걸 기대하는 것 같기도 하다), 30코를 줄바늘로 뜨는 법을 가르치지는 않을 것이다. 죄 없는 뜨개인에게 그건 너무 잔인한 일이니까. 다른 방법을 생각해 내야 한다.

  안단이 있는 트임은 매력적이다. 특히 2겹 칼라나 겹단 소매, 밑단과 잘 어울린다. 1인치에 6코가 들어가는 셰틀랜드 울은 클래식하고 풍성하며 사랑스럽다. 목부터 시작하는 스웨터라면 트임 부분의 코잡는 일이 전혀 문제가 되지 않을 것이다. 트임 밑부분의 안단 코는 별실에 걸어두었다가 나중에 목둘레를 뜰 때 한꺼번에 작업할 수 있기 때문이다.

2겹으로 된 칼라는 원통뜨기로 시작할 수 있고 가장자리는 나중에 이으면 된다. 되겠지? 될 것이다. 우리가 증명할 테니까.

옷의 맨 꼭대기 즉, 칼라 가장자리에서 시작하자. 칼라의 폭은 몸통 폭의 85%라는 사실을 계산과 실험을 통해 알아낸 사람의 말을 한번 믿어보기를. 그러니 몸통 둘레의 85%는 칼라의 너비와 칼라 안단의 너비를 더한 것과 같다.

여기서 우리의 오랜 친구, 몸통 너비 또는 키넘버가 다시 등장한다. 나는 진짜 셰틀랜드 울을 사용하고 있는데, 3인치(7.6cm)에 18코, 또는 1인치에 6코 게이지로 뜨는 것을 좋아한다. (바늘은 2.75mm다. 더 두껍거나 더 얇은 바늘이 필요할 수도 있다.)

내 스웨터는 둘레가 40인치다. 1인치에 6코인 내 게이지를 곱하면 키넘버 240코가 나온다. 이리저리 나누기 쉬운 융통성 있는 숫자다.

240코의 85%? 누군가에게는 쉽다.

그렇지 않은 사람들은 이렇게 하자. 10%를 뺀다. 240-

24(10%)=216, 216-12(5%, 10%의 절반)=204. 칼라와 칼라 안단을 합쳐서 204코를 잡을 것이다. 부록에 있는 '보이지 않는 코잡기' 방법을 살펴보고, 이 방법으로 60cm 줄바늘에 204코를 잡자. 원통으로 잇고 단이 꼬이지 않도록 주의하면서 두 단을 뜬다.

이제 시작 부분에서 2코, 중간 부분에서 2코에 표시를 한다. 표시한 코 사이에 100코가 있을 것이다. 이것들은 안단 칼라, 라인드 칼라 또는 더블 칼라의 양쪽 끝에 있을 것이고, 우리는 그들의 각 면에서 두 단마다 한 코씩 줄일 것이다.

*마커로 표시한 코로부터 1코 전까지 겉뜨기, K2tog, SSK.

*맞은편에 마커로 표시한 코로부터 1코 전까지 겉뜨기, K2tog, SSK. 1단 겉뜨기. 160코 남을 때까지 *을 반복한다.

왜 160코일까. 이런 종류 스웨터의 목 콧수는 키넘버의 약 33%이고, 240코의 33%는 80코다. 칼라는 2겹이므로 80에 2를 곱해서 총 160코가 되는 것이다. 이제 우리가 어느 위치에 와 있는지 가늠할 수 있는 목선까지 왔다. 잘 따라오고 있는지. 어려워도 나를 믿고 계속 뜨자. 조금 더 어려워질지도 모른다.

뒷목을 뜨기 위해 칼라 한쪽 면의 정중앙에서 40코(240코의 33%에 해당하는 콧수의 절반)를 코막음한다. 그 왼쪽과 오른쪽에 각각 20코가 남아 있고, 맞은편에는 80코가 남아 있다. 총 120코다. (240코의 50%, 중요하지는 않지만 마음이 편해지는 수치다.) 스웨터의 다음 단계를 뜨는 동안 이 중 어떤 코도 늘리거나 줄이지 않을 것이다. 그저 겉뜨기만 할 것이다. 코막음한 코를 주머니처럼 남겨둔 채 말이다. 80코는 목이 될 것이고, 양쪽에 각각 남은 20코는 양쪽 트임 안단이 될 것이다. 자, 이제부터는 코를 늘려 다음 단계로 넘어가자.

래글런 숄더 라인

차분함을 유지하자. 뒷목 가운데 40코의 양 끝 코에 마커를 건다. 20코 쪽으로 마커 옆 2코를 마커로 표시한다. 이 세 개의 코를 한 세트로 본다.

*첫 번째 세트에 왔을 때 감아코 1, 세트 중 첫 코를 겉뜨기, 감아코 1, 가운데 코 겉뜨기, 감아코 1, 세 번째 코 겉뜨기, 감아코 1 (4코 증가). 반대편 세트에서 똑같이 코를 늘린다. 한 단을 겉뜨기로 뜬 다음 코늘림 선이 비스듬한 것 같다는 사실을 인정하자. 그게 맞다. *부터 반복.

표시한 코 중 첫 코와 세 번째 코는 래글런 선으로 뻗어나갈 것이다. 두 번째 코는 소매 안으로 수렴돼 다시는 보이지 않을 것이다. 여러분은 첫 코와 세 번째 코의 양옆에 1코를 두 단마다 늘릴 것이다. 따라서 코늘림 단과 일반 단을 번갈아 뜰 때 앞과 뒤가 고르지 않다는 사실에는 너무 신경 쓰지 않아도 된다.

2코 늘리는 방법에는 재미있는 것들이 많다. 분명 여러분도 좋아하는 방법이 있을 것이다. 나는 내가 매력적이라고 생각하는 방법에 대해 바버라 워커가 《Knitting from the Top》에서 한 말을 인용하겠다.

"2코 늘리는 방법 네 번째; 마커로 표시한 코의 한 단 아래에 있는 코 뒤쪽에 바늘을 찔러 (한 단 아래 코의 뒷면에서 보이는 안뜨기 모양의 코에 바늘을 찔러서) 겉뜨기한다. 그런 뒤 마커로 표시한 코의 뒤쪽으로 겉뜨기를 한다. 그런 뒤 왼쪽 바늘로 한 단 아래에 있는 바로 그 코의 왼쪽 고리를 끌어 올려 코의 뒤쪽으로 겉뜨기한다. 이렇게 세 번째 코를 만든다."

(사진 속 셔츠의 래글런 모양이 이렇게 만들어지지 않았다는 사실을 숨겨봐야 얻을 것이 없다. 여러분의 날카로운 눈썰미가 예쁜 물결무늬 선을 발견하고 말 테니까. 세부 사항은 일단 제쳐두고, 그래, 인정한다. 이 부분은 아래에서 위로 떴고, 코줄임은 매 단마다 1코씩 했는데, 세 개는 SSK로, 세 개는 K2tog로 번갈아 가며 작업한 것이 사실이다. 조만간 이 기술을 사용해 보기를. 명예로운 고백을 마친다.)

마커 사이의 소매 60코(겨드랑이의 경우 240코의 33%에서 240코의 8%를 뺀 것)를 별실에 걸어둔다. 이 행복하고 신나는 과정에서 여러분은 중앙 앞쪽에 있는 별로 매력적이지 않은 40코도 별실에 걸어둘 수 있다. 그러면 또 하나 생긴 주머니가 보일 것이다. 거의 다 왔다.

계속 겉뜨기를 한다. 첫 번째 소매까지 왔으면 20코(대략 240코의 8%)를 잡는다. 완벽주의자라면 보이지 않는 코잡기로 할 것이다(부록 참조). 하지만 완벽주의를 싫어하는 사람이라면 그게 무엇이든 원래 방식으로 코를 잡아도 된다. 어차피 겨드랑이에 숨겨져 있을 테니 상관없다. 두 번째 소매로 이동해 똑같이 한다. 앞섶 코들은 신경 쓰지 말고 넘어가자.

이제 평온하고 잔잔한 뜨개 구간에 이르렀다. 60cm 줄바늘에 240코(한두 코는 더하거나 빼도 된다)를 걸어야 한다. 그런 뒤 그 유명한 "원하는 신체 길이"가 될 때까지 계속 떠간다. 지금은 어떤 길이로든 만들 수 있는 유동적인 상태라서, 긴 스웨터는 늘 편안하다는 말밖에 할 말이 없다. 나는 유행과는 거리가 먼 사람이라 겨드랑이 아래로 17인치(43cm)에서 19인치(48cm) 길이만큼만 떴다.

등판에는 세 번이나 네 번에 걸쳐 되돌아뜨기를 넣고(부록 참조), 밑단에서 2~3인치(5~7.6cm) 올라간 자리에서 오직 등판에서만 10코나 12코를 골고루 줄인다.

원한다면 가짜 솔기를 넣어라(부록 참조).

겹단이 잘 접히도록 하기 위해 한 단을 안뜨기로 뜨고, 3월 챕터 마지막 부분에 나오는 것처럼 마무리한다.

40cm 줄바늘로 한쪽 소매 코를 줍는다. 보이지 않는 코잡기 방식으로 잡은 코도 함께 줍는다. 총 80코(240코의 33%)가 있어야 한다. 보이지 않는 코잡기 방식으로 코를 잡지 않았다면, 새로이 20코를 줍는다.

소매는 원하는 길이로 짧게 뜰 것이다.

내 것은 길이가 8인치(20cm)이고, 밑단처럼 테두리를 둘렀다. 나는 겨드랑이에서 1인치마다 2코를 줄여 총 64코가 될 때까지 줄였지만, 이것은 선택 사항이다. 이 부분은 꼭 깔끔하게(보통은 240코의 25%) 떨어지도록 뜨지 않아도 된다. 소매 너비에 대해서는 자신의 취향과 판단에 맡겨보자. 나는 코줄임과 코줄임 사이에 세 코를 두었고, 겨드랑이에서 보이지 않는 코잡기 방식을 사용했기 때문에 소매 밑단에서 스웨터 밑단까지 코를 풀어 가짜 솔기를 만들 수 있었다. 코를 풀어낼 때 아주 만족스러웠다.

칼라 가장자리 부분의 보이지 않는 코잡기에서 사용된 실을 제거하고, 앞칼라와 뒤칼라를 막대바늘에 건 뒤 잇는다(부록 참조).

앞목에 특이한 변형이 있다는 걸 알아차릴 것이다. 어딘지 피글렛처럼도 보인다. 정말 그렇다. 아니면 캥거루인가? 정중앙에 시침선을 만들고, 시침선 양쪽을 재봉틀로 박은 뒤 시침선을 자른다. 자르는 부분은 여기가 전부다.

잘린 두 가장자리가 목 안단을 이루며 안쪽에서 쉽게 겹친다. 아래쪽 단 가장자리에 외롭게 매달려 있는 코들을 주워 3.5인치(9cm) 가량 메리야스뜨기로 뜬다. 이때 4코는 가터뜨기로 떠서 테두리를 만들고, 가터뜨기 8단을 떠서 마무리한다. 안단은 살짝 눌러주기만 해도 모양이 잡히기 때문에 굳이 안쪽을 서로 붙일 필요가 없지만, 가벼운 느낌을 원한다면 붙여도 좋다. 입구 하단의 코를 신중하게 당긴 뒤 바느질용 바늘로 두어 번 꿰매 인상적인 뜨개 작품의 마지막 터치를 끝내자.

뜨개를 하지 않는 사람들은 이 스웨터를 가벼운 마음으로 대하겠지만, 진정한 뜨개 장인이라면 숨을 참고 눈을 크게 뜰 것이다. 특히 눈에 잘 띄지 않는 목 안단의 아랫부분과 겹단의 접히는 부분에만 안뜨기가 쓰였다는 사실을 발견했을 때 말이다. 실제로 더 큰 사이즈를 뜰 때는 겹단에 안뜨기를 넣지 않는 대신 한 단을 아주 느슨하게 떴다(YO, K2, 다음 단에서는 YO한 단을 빠뜨리기). 메리야스뜨기는 느슨하게 옆 단에서 살짝 접히는 경향이 있다.

앞목 트임 가장자리의 적당한 자리에 세 코나 네 코의 사슬로 고리를 만들고, 아마도 예상했겠지만, 단춧고리의 위치에 맞게 단추를 단다.

혹은 앞에 오는 트임의 가장자리를 아이코드로 장식해도 된다. 아니면 트위스트 코드나 노르웨지안 훅 단추로 장식해도 좋고.

자, 이것이 스웨터 중에서 가장 쉬운 것이라고 말할 생각은 조금도 없지만, 중요한 구간에서 마음을 다잡는다면 생각보다는 덜 어려울 것이라는 점을 말하고 싶다.

보이지 않는 코잡기로 시작하는 것은, 아직 이 기법이 익숙하지 않은 이에게는 무서울 수 있다. 하지만 한 번 익히면 겨드랑이에서 이 기법을 쓴다고 해도 크게 놀라지 않을 것이다. 연습해 보면 모든 코잡기 방식 중 이것이 가장 빠르다는 사실도 알게 될 것이다.

이 외에 여러분이 알아야 할 것은 겉뜨기하는 법(안뜨기하는 법은 거의 알 필요 없다), 코 늘리는 법, 코 줄이는 법, 그리고 꼭 미시시피 파일럿* 같은 마커가 곧 나타나려고 할 때 어떻게 침착함을 유지하며 뜨는가이다.

* 미시시피강 위를 날며 강을 항해하는 배를 안내하는 역할을 맡은 조종사를 말한다.

안전핀을 마커로 사용하는 습관을 몸에 익히자. 링 마커만큼 간섭이 크지 않다. 링 마커는 여러분이 링 마커 자리에 올 때마다 바늘에서 바늘로 옮겨야 한다. 안전핀은 코 사이에 끼울 수도 있고, 코 자체에 꽂을 수도 있으며, 어떤 코가 어떤 코 아래로 수렴됐는지 (또는 어떤 코가 남았는지도) 보여준다. 그리고 느리지만 분명하게 우리가 무엇을 뜨고 있는지, 왜 뜨는지도 알게 해준다. 이것은 디자이너가 되기 위한 가치 있는 단계다. 나는 뜨개를 할 때 가끔 안전핀이 저 뒤에 가 있는 것을 발견하는데, 왼쪽 엄지로도 느끼지 못할 만큼 멀리는 아니어서 코늘림이나 코줄임 할 차례가 다가오고 있다는 사실을, 그래서 약간의 활동을 하기 위해 뇌를 깨워야 한다는 사실을 알아차린다.

가터뜨기 테두리와 트임이 있는 오픈칼라 셔츠를 뜨기 위한 간결한 지침

게이지: 1인치에 5코. 몸통 둘레 40인치(102cm)

재료: 4온스(113g)짜리 1ply 홈스펀 3타래, 워스티드 굵기나 게이지에 맞는 4온스(113g)의 실 4타래, 게이지에 맞는 40cm와 60cm 줄바늘 하나씩(대략 3.5~5mm).

테두리: 10코를 잡고 견고하게 가터뜨기를 한다(평면뜨기로 모두 겉뜨기). 한쪽 면에서 다음과 같이 아이코드를 만든다(부록 참조):

*끝에서 3코 남을 때까지 K, 실을 앞에 놓고 안뜨기 방향으로 걸러뜨기 3, 한 단을 겉뜨기. 200이랑이 될 때까지 *부터 반복. 원통으로 연결한다.

몸통: 60cm 줄바늘로 이랑마다 한 코씩 200코를 줍는다. 17인치(43cm) 또는 원하는 길이를 떠서 겨드랑이까지 뜬다. 16코(200코의 8%)를 별실에 옮기면 앞판과 뒤판은 각각 84코씩이다.

소매: 몸판의 밑단과 같은 방법으로 60개의 이랑을 뜬다. 원통으로 연결한 뒤 40cm 줄바늘로 60코를 줍는다. 계속 뜨다가 겨드랑이에서 5단마다 2코씩 늘리면서 66코(200코의 33%)가 될 때까지 뜬다. 5.5인치(14cm)나 원하는 길이가 되었을 때, 겨드랑이의 16코를 별실에 옮겨준다.

몸통과 소매의 겨드랑이를 마주 대놓고 60cm 줄바늘에 몸통과 소매 268코를 모두 옮긴다. 두 단을 겉뜨기한다.

트임: 42번째 코와 43번째 코 사이, 앞판 정중앙에 마커를 건다. 마커로부터 5코 남을 때까지 겉뜨기한다. 10코를 잡는다. 편물을 뒤집은 뒤 이제부터 평면뜨기 한다.

*K10, 10코 남을 때까지 P, K7, 실 앞으로, 안뜨기 방향으

로 걸러뜨기 3. 편물 뒤집기. 3코 남을 때까지 K, 실 앞으로, 안뜨기 방향으로 걸러뜨기 3. 편물 뒤집기. 다음 지시가 있을 때까지 * 반복.

래글런 형태는 몸판과 소매를 합체하고 1인치 뒤에 시작된다. 4개의 마커를 앞판과 뒤판의 처음과 마지막에 각각 하나씩 건다. 이 4개의 지점에서 2단마다 2코씩 줄인다. 동시에 아래와 같이 단춧구멍을 만든다.

단춧구멍: 첫 번째 단춧구멍은 가터뜨기 코의 5이랑 뒤에 배치하고, 이후 두 개는 10이랑과 20이랑 뒤에 배치한다.

소매코를 다 줄였으면 오른쪽 목 가장자리에서 5코를 코막음 한다. 그러니까, *K2, SSK한 뒤 코를 왼쪽 바늘에 놓는다. 4번 이상 반복한다. 왼쪽 끝까지 뜨고 *부터 반복한다.

칼라: 남은 68코를 이용해 평면뜨기로 가터뜨기를 하고, 계속해서 아이코드 테두리를 만든다. 아이코드 가장자리 이후에 감아코로 1코를 만든다. 3.5인치(9cm)를 뜬 뒤 위와 같은 방법으로 아이코드 코막음을 한다. 원한다면 가짜 솔기를 넣는다. 겨드랑이를 잇고 트임 아랫단을 정리한다.

톱다운으로 오픈칼라 셔츠를
뜨기 위한 간결한 지침

게이지: 1인치에 6코. 몸통 둘레 40인치(102cm)

재료: 셰틀랜드 울 10온스(283g), 또는 1인치에 6코 게이지에 맞는 실. 게이지에 맞는 40cm와 60cm 줄바늘 하나씩(대략 2.75~3.75mm).

204코를 잡은 뒤 두 단을 겉뜨기로 뜬다. 시작 부분과 중앙 부분에서 2단마다 2코씩을 줄인다. 한 면의 중앙에서 40코를 코막음 한 뒤 계속해서 원통으로 뜬다. 다른 면의 중앙에 있는 40코를 마커로 표시한 뒤, 이 40코의 양쪽에서 가운데 1코를 두고 양쪽에 마커를 건다. 네 개의 표시한 코 양옆에서 2단마다 1코씩 늘려 래글런 늘림을 한다.

래글런 사이에 소매 코로 60코가 있으면, 각 소매코를 별실에 옮긴다. 앞면 가운데의 40코도 별실에 옮긴다. 그대로 몸판을 뜨면서 겨드랑이에서 20코를 잡는다. 원하는 몸통 길이가 될 때까지 240코를 떠간다. 원한다면 본문에 설명한 대로 되돌아뜨기를 넣고 등판 아래쪽 형태를 잡는다. 17인치(43cm)나 원하는 길이가 되면 겹단을 만든다.

소매로는 80코를 주워 겨드랑이에서 1인치마다 2코씩을 줄이며 원하는 길이만큼 뜬다. 밑단은 겹단을 만든다. 앞판 중앙을 재봉틀로 박아 안단을 자른다. 안단 아랫부분에서 코를 주워 3.5인치(9cm)를 뜬다.

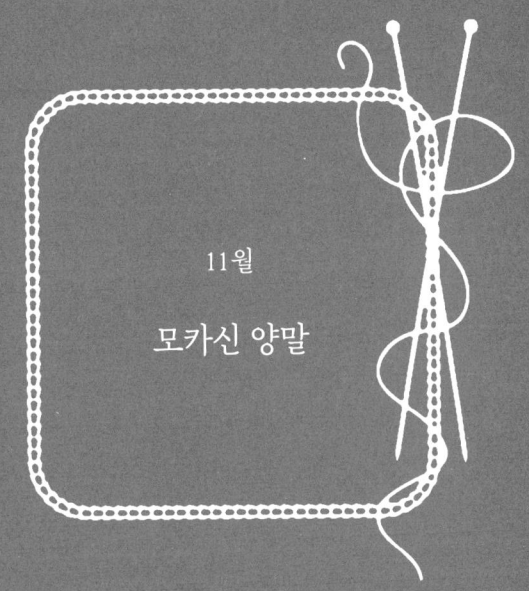

11월

모카신 양말

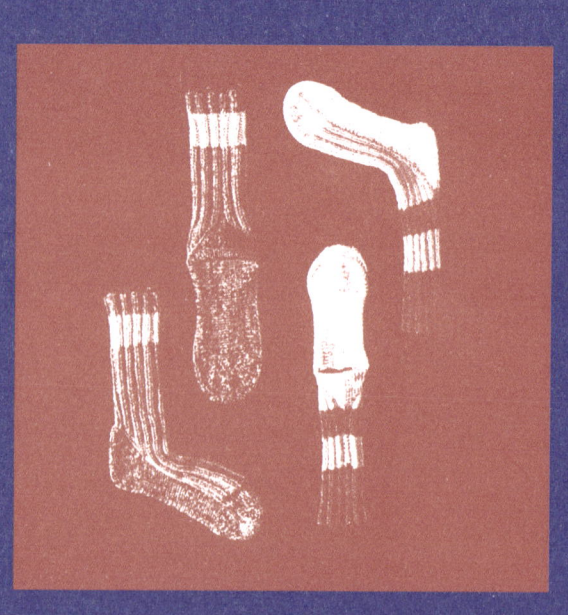

　이 장에서는 원래 다른 것에 관해 쓸 계획이었는데, 요즘 가장 적극적으로 뜨고 있는 프로젝트를 설명할까 한다. 지금은 다른 것을 거의 생각할 수 없다.

　지금 공개하려는 것은 이제 막 완성한 따끈따끈한 신상, 모카신 양말이다. 획기적인 양말이자 한번 신으면 벗을 수 없는 양말, 결국 다시 찾게 되는 양말이다. 이름이야 무엇이든 원하는 대로 불러도 좋다. 위에서 언급한 어떤 이름도 틀리지 않다.

　여러분이 양말을 뜨고 수선해 본 사람이라면, 나일론실을 넣어 내구성을 강화한 바로 옆에 구멍이 난 것을 발견할 때의 아픔에 공감할 것이다. 구멍은 꼭 뒤꿈치 바로 아래에 생긴다. 뒤꿈치에서 발바닥 쪽으로 꺾여 나일론실이 추가되지 않은 부분 말이다. 더 넓은 부분에 걸쳐 나일론실을 추가했다면 발등을 가로질러 예쁘지 않은 줄이 생겼을 것이므로, 나는 이 아이디어를 포기했다. 1인치 정도만 나일론실로 뜬 다음 매 단마다 나일론실을 자르고 다시 연결해 뜨는 사람도 있겠지만, 내가 젊었을 때 늘 하던 말이 떠오른다. "부지런쟁이시네!" 게다가 나는 실용적이지 않거나 내 평범한 뜨개 친구들을 좌절하게 만드는 디자인을 지지할 마음이 없다. 그런 일로 내 친구들을 성가시게 하고 싶지 않다.

8월 챕터를 기억하겠지만, 나는 올여름 캠핑 중에 이 문제를 성공적으로 해결했다. 하지만 그다음 번 언젠가 수선바구니를 들여다보다가 발볼 아래에 구멍이 난 양말을 보고 다시 신경이 쓰이기 시작했다. 내가 아는 바에 따르면, 발볼 아랫부분부터 나일론실을 추가하기는 너무 이르다. 분명 연구해 볼 문제다. 발바닥 전체를 강화하면서도 발등 부분은 그대로 둘 방법이 없을까.

어린 손자들의 참을 수 없는 귀여움에서 벗어나 집으로 돌아오는 긴 여정을 위해 차에 올랐다. 하필 실이 떨어진 시점이었는데, 다행히도 호주에서 온 멋진 딘쿰Dinkum 실을 갖고 있었다. 그렇게 실로 빈둥거리면서 손자들을 생각하기 시작했다. 갑자기 아이디어가 폭발한 이유를 아무리 찾아봐도 이것밖에 없다.

아기용 양말의 문제는 뭘까?

아기용 양말은 발에 꼭 맞고, 발바닥을 가장 마지막에 뜨기 때문에 나일론실을 쉽고 효율적으로 추가할 수 있다. 발

옆면에 1인치 정도 나일론실을 추가하기도 한다.

그렇지. 그럼 뒤꿈치는 어떨까? 하지만 아기용 양말은 뒤꿈치에 나일론실을 넣기엔 밑창이 너무 낮다.

안타깝게도 이 뒤로는 무슨 생각을 했는지 더 기억이 나지 않기 때문에 애써 떠올리려 하지는 않겠다. 나이가 들면서 생기는 몇 안 되는, 그러나 강력한 단점 중 하나가 바로 건망증이다.

많은 경우, 무언가를 잊는 것은 일종의 보호 장치 같다. 뇌 회전이 느려져서 관련이 적은 세부 사항들을 더는 붙잡고 있을 능력이 없다. 영감이 강에서 세 마리의 수달을 본 날이 그저께 목요일이었나, 아니면 금요일이었나. 수달 세 마리는 처음에 조금 가쁜 숨을 쉬다 공기 섞인 소리를 낸 것 빼고는 영감을 전혀 두려워하지 않았다. 그러다 물고기를 잡으러 강의 하류로 뛰어들었고, 잠시 뒤 그중 한 마리가 작은 잉어를 입에 문 채 통나무 위로 뛰어올랐을 때 영감에게도 처음이자 마지막 입질이 왔다.

영감은 기억력이 나쁘지 않다. 각각의 세부 사항을 발생 시점에 따라 명확하게 기억하지만, 그게 무슨 요일이었는지가 뭐 그리 중요한가.

내가 계란 삶을 때 쓰는 작고 파란 냄비를 어디에 두었더라? 뇌는 협조를 거부한다. 신경 쓰지 말고 다른 냄비를 사용하면 된다. 결국 어디선가 나타날 것이다. 아니나 다를까, 실제로 그랬다. 계란 삶은 물이 화초에 좋다는 말을 듣고 지난겨울을 잘 이겨낸 시클라멘을 응원하고 싶어서 냄비를 화분이 있는 침실 창문턱으로 들고 갔었는데, 다음번에 물을 주러 가서야 발견했다. 뇌는 어찌나 똑똑한지. 뇌는 내가 결국 냄비를 찾을 것이라는 사실을 알았고, 대신에 목 콧수를 잘못 계산해 절망에 빠진 뜨개인에게 편지를 쓸 힘을 비축하고 있었다. 약해지고는 있지만 여전히 가치 있는 힘 말이다.

뒤꿈치 문제를 해결할 영감이 떠오를 수도 있겠지만 조금 의심스럽다. 나는 영감을 잘 받는 타입이 아니다. 나는 오히려 문제가 생기면 떴다가 풀고, 다시 떴다가 풀면서 문제들을 괴롭히는 편이다. 이것을 경험주의라고 부른다면, 나는 경험주의의 실용성을 과하게 즐기는 편이다.

어쨌든 뉴욕주, 펜실베이니아주, 오하이오주를 지나면서 아이디어를 떠올리고 걷어내고 다시 떠올리고를 반복하는 동안 나는 뒤꿈치 끝부분 뜨는 법을 생각해 냈고, 이제 여러분 앞에 모카신 양말을 내놓는다.

먼저 다리 부분을 만든 뒤 평면뜨기로 K2, P2 고무뜨기를 한다. 설명을 쉽게 하기 위해 44코라고 하자. 겉면의 양끝에 겉뜨기 1코가 있고, 덕분에 뒤쪽 솔기를 더 만족스럽게 만들 수 있다. 뒤꿈치의 1.5인치(3.8cm) 지점에 왔을 때, 양 끝의 3코씩을 별실에 옮기거나 안전핀에 걸어놓고 발등 형태를 시작한다. 시작코의 절반인 22코가 남을 때까지 양 끝에서 2단마다 1코씩 줄인다. 나는 앞면에서 코 줄이는 것을 좋아한다. K1, SSK, 마지막 코로부터 3코 남을 때까지 계속 무늬대로 뜨다가 K2tog, K1을 한다. 뒷면에서는 보이는 대로 뜬다.

이제 모든 프로젝트에서 매 단의 첫 코는 걸러뜨기 하라는 조언을 해줄 시간이 왔다. 이것은 나중에 되돌아뜨기를 위해 필요하다. 첫 코에 대해서는 다양한 의견이 있다. 어떤 뜨개인은 그냥 뜨고, 어떤 뜨개인은 걸러뜨기 한다. 나는 아주 오래전부터 걸러뜨기를 지향해 왔지만, 내가 보기에 중요한 것은 일관성을 유지하는 것이다. 모든 일이 그렇지만 특히 이 양말에서는 첫 코를 모두 걸러뜨기 해야 한다. (겉뜨기 방향으로 걸러뜰지 안뜨기 방향으로 걸러뜰지는 원래 무늬에 따라 결정된다.) 그렇지 않으면 발 쪽에서 코를 주울 때 문제가 생길 수도 있다.

발등 작업이 끝났으면 세 코를 안전핀으로 표시한 곳으로부터 8인치(20cm)가 될 때까지 고무뜨기로 뜬다. 나일론 실을 연결하고 메리야스뜨기로 1인치(짧은 양말은 더 짧아도 되고, 긴 양말이라면 더 길게 떠야 한다)를 더 뜬다.

이제 좀 독특한 방법으로 발가락 부분을 만들 것이다.

콧수를 세 부분으로 나눈다. 예를 들어, 만약 22코가 있다면 가운데에는 8코를 두고 양옆에 7코를 두는 식이다. 만약 26코가 있다면 가운데에 8코 양옆에 9코씩 두거나, 가운데에 10코 양옆에 8코를 두어도 좋다. 숫자는 중요하지 않다. 뜨개가 과학처럼 늘 정확한 건 아니니까.

가운데 구역은 다음과 같이 양옆의 코를 써가며 2단마다 2코의 비율로 줄어들 것이다.

*가운데 구역 직전 1코까지 겉뜨기하다가 K2tog, 가운데 구역의 마지막 코까지 겉뜨기로 뜬 뒤 SSK. 한 단 종료. 뒷면은 모두 안뜨기. *부터 반복하며 이런 식으로 계속 코를 줄인다.

남은 코를 40cm 줄바늘에 옮긴 뒤 발등 왼쪽 변에서 루프마다 한 코씩을 줍는다. 뒤꿈치 부분에서 안전핀에 옮겨 두었던 6코를 뜨고, 반대편 발등 부분에서도 계속 코를 줍는다. 모든 코가 줄바늘에 걸렸으면 계속 원통으로 뜬다. 콧수는 발 길이에 따라 다르겠지만, 대략 코 잡을 때의 두 배가 되어 있을 것이다. 이제 형태가 만들어지기 시작한다. 보이는 것처럼 발가락 부분은 발가락을 덮었다가 곧바로 발바닥으로 내려가야 한다.

다음 단계는 훌륭하고 우아한 뒤꿈치를 만드는 것이다.

첫 단에서 아까 안전핀에 걸어 두었던 6코를 모두 겉뜨기한 뒤 편물을 뒤집는다. 7코를 안뜨기한 뒤 내가 말한 대로 첫 코를 안뜨기 방향으로 걸러뜬다. 편물 뒤집기. 걸러뜨기 1, 겉뜨기 7. 편물 뒤집기. 걸러뜨기 1, 안뜨기 8. 각 되돌아뜨기의 끝에서 한 코씩을 더 주우면서 계속 떠간다. 처음 잡은 콧수의 절반(22코)이 되면 뒤꿈치가 생겼을 것이다. 이제 '부츠bootie 바닥'을 뜨기 위한 시간이 왔다. 사실은 진짜 부츠 바닥은 아니고, 매혹적인 모카신Moccasin* 바닥에 가깝다.

아무 생각 없이 1인치를 겉뜨기한 다음 발가락 섹션을 따라 급격하게 코를 줄인다. 그러니까, 고무뜨기가 끝난 곳에서 K2tog를 시작하여 고무뜨기가 다시 시작되는 곳까지 K2tog를 한다. K2tog를 16번쯤 하게 될 거라고 확신한다. 0.5인치(1.3cm) 정도 떴으면 발가락 부분의 콧수가 절반이 될 때까지 코줄임을 반복한다. 이 코줄임은 발 중심에 있어야 한다. 그래야 발가락 윗부분에 제대로 자리를 잡는다. 원한다면 뒤꿈치에서 두 번째 코줄임을 한다.

메리야스뜨기의 높이가 2인치(또는 '깊이'라고 해야 하나?) 또는 발이 두꺼운 경우라면 조금 더 높이 뜨면 다 뜬 것이다. 울과 나일론실을 약 24인치(61cm) 길이를 남기고

* 원래 북미 원주민들이 신던 형태의 부드러운 가죽으로 만든 납작한 신.

자른다. 발가락 코들을 당겨서 단단하게 엮은 뒤 함께 잇는다. 뒤꿈치에서도 같은 콧수의 코들을 당겨서 마무리한다. 발볼 아래가 약간 부풀어 보일 수도 있지만, 스팀을 하고 나면 사라진다.

이제 여러분이 뜬 것을 살펴보자. 전에 본 적 없는 스타일리시한 양말이라는 사실에 공감하면 좋겠다. 사각형보다 뾰족한 뒤꿈치가 보기에도 더 좋고, 기능성 면에서도 훌륭하다. 구두 뒤축이 양말과 맞물리는 지점을 넘어 멋지게 올라오며 우아한 경사를 이룬다. 만약 양말을 신을 사람이 갈색을 좋아한다면, 양말의 다른 부분이 무슨 색인지와 상관없이 발바닥을 갈색으로 만들 수 있다. 늘 검은 양말만 신는 사람에게도 마찬가지다. 양말 전체가 부츠 안에 쏙 들어가는 경우, 원한다면 윗부분은 밝은색으로 뜨되 발바닥에는 실용적인 색을 사용하자. 연한 색 양말 바닥이 실제 그 색깔처럼 보이게 하는 일이 얼마나 어려운지 여러분은 잘 알 것이다.

솔직히 말하면 나는 이 양말을 떴다는 사실이 무척 자랑스럽다. 편물이 편안하고 아늑하게 감겨서 다른 크기의 발에도 잘 맞는다. 아라베스크처럼 추상적인 형태는 야외에 피운 모닥불 앞에서 모든 사람들의 감탄을 자아낼 것이다. 이것이 모두 내 머리에서 나왔다고 생각하지는 말기를. 그랬다면 발가락 하나를 뜨느라 발가락을 열다섯 개에서 스무 개쯤 떴다가 무자비하게 풀었을 테니까. 여러분은 발가락 만드는 방법이 얼마나 다양한지 상상도 못 할 것이다. 기록이라도 했다면 좋았을 것을. 내 시도들은 모두 실패로 돌아갔다. 하지만 괜찮다. 그것들은 모두 내 잠재의식 안에 안전하게 숨어 있으니까. 언젠가는 어깨나 보닛의 형태로 나타날 것이다.

모카신 바닥은 신다가 닳으면 아주 쉽게 수선할 수 있다. 뜨개에서 가장 슬픈 장면이 있다면, 눈으로 볼 수 있는 가장 완벽한 형태에 색깔마저 완벽하게 새하얀 양말 한 켤레가 아닐까. 하지만 양말 안쪽은 들쭉날쭉한 바느질 선이 가득하고, 그런 바느질 자국은 바느질을 한 사람의 눈에는 더욱 가치 있어 보일 것이며, 그래서 버리기가 어려울 것이다. 수선을 너무 많이 해서 더 이상의 수선이 불가능하다면, 유일한 방법은 발목을 기준으로 아래쪽을 잘라 내고 새 발을 뜨는 것밖에 없다. 그러다 보니 다리 부분은 아직 멀쩡한데 발 부분만 해어진 양말들이 버려지곤 했다. 그러나 이제 드디어 발등을 그대로 둔 채 발바닥과 뒤꿈치와 발가락을 말끔하게 새로 뜰 수 있다. 게다가 아무도 눈치채지 못한다.

하지만 미리 걱정할 필요는 없다. 발바닥에 나일론실을 넣었으니 적어도 몇 년간은 다시 뜰 일이 없을 테니까. 알고 있다. 나일론실을 구하기가 늘 쉽지는 않다는 사실을. 소량 포장된small-cards 힐앤토Heel'N'Toe 사의 나일론실을 구할 수 없을 때, 나는 가는 울과 나일론이 절반씩 섞여 있는 실을 사용한다. 돈이 많이 들겠다고 생각하겠지만 두고두고 여러 켤레의 양말에 사용할 수 있고, 색감이 차분하다면 다양한 색과 섞을 수도 있다. 나는 또한 굵은 폴리에스터인 듀얼듀티Dual Duty 실도 사용한다. 실패 하나 분량이면 한쪽 발을 강화할 수 있다.

영감이 나일론 낚싯줄을 써 보는 건 어떻겠냐는 고상한 제안을 했다. 나일론 낚싯줄이라면 딱 한 번 써봤기 때문에 내구성이 있을지 잘 모르겠다. 영감은 낚싯줄의 강도가 시원치 않다 싶을 때만 내게 기부한다.

모카신 양말은 여러 면에서 추가적인 이점이 있다.

첫째, 이미 말했듯이 뜨기 쉽고, 나중에 발 부분을 다시 뜨기도 쉽다. 둘째, 애매하게 남은 실을 다 쓸 수 있다. 다리와 발등만 완성하면 실 색을 자유롭게 바꿀 수 있기 때문이다. 뒤꿈치가 다른 색인 것이 신경 쓰인다면, 삼각형 모양의 뒤꿈치 구간이 끝난 뒤에 색상을 바꿔도 된다. 셋째, a. 이 도안은 완전히 새롭고 흥미로워서 b. 당신의 뜨개 친구들도 놀랄 것이다.

넷째, 이 책에 실린 모든 도안에도 적용되는 "안 해볼 이유가 있나?"이다. 나의 재미있는 뜨개법을 사용하지 않을 타당한 이유가 있다면, 나는 두 팔 벌려 환영하며 개선해 나갈 것이다.

한 가지 말해 두고 싶은 점이 있다. 내가 안뜨기를 싫어해서 가능하면 안뜨기를 피하려고 한다는 소문이 있는데, 그것은 엄밀히 사실이 아니다.

안뜨기는 그것만의 자리가 있고, 유용하다. 안뜨기가 없다면 수많은 아름다운 뜨개 패턴이 만들어지지 못했을 것이다. 안뜨기가 없다면 아란 무늬의 배경에 무엇을 넣을 수 있을까. 안뜨기가 없다면 가터뜨기를 할 때 코막음을 해서 가장자리를 놀랍도록 깔끔하게 만드는 일이 가능이나 할까.

하지만 많은 사람이 안뜨기를 겉뜨기보다 느리게 하는 것이 사실이고, 왼쪽 집게손가락에 실을 걸고 뜨는 이들에게 안뜨기는 확실히 어색할 수 있다.

뜨개인에게 물어보자. 아마도 그들은 평면뜨기로 메리야스뜨기를 할 때 겉뜨기를 선호한다는 사실을 인정할 테니까. 나름의 기능이 있고, 예쁘고, 눈에 잘 띄는 효과가 있다면 방법이야 어떻든 안뜨기하는 것을 좋아하는 사람도 있을 것이다. 하지만 안뜨기를 안 해도 된다면 굳이?

무언가를 결과만을 보고 하는 것이 아니라 그 일을 하는 과정 자체를 즐기기 위해, 나는 되도록 안뜨기를 없애는 일에 착수했다. 그 결과 꽤 쉽게 방법을 알아냈다. 양말바늘 네 개로, 혹은 더 낫게는 줄바늘로 뜨는 것이다. 이런 방식으로 뜨면 안뜨기를 하면서 돌아오지 않고도 메리야스뜨기를 완성할 수 있다.

레이스 무늬를 뜰 때는 종종 다음 단으로 가기 위해 한 단을 안뜨기로 돌아와야 한다. 안뜨기로 돌아오지 말고 원통으로 겉뜨기를 해보면 어떨까?

피셔맨 스웨터를 뜨기 위해 아란 무늬를 작업할 때도 물론 안뜨기로 돌아올 일이 없다. 편물을 어떻게 보는가에 따라 겉뜨기 코는 겉뜨기로, 안뜨기 코는 안뜨기로 뜬다. 가끔 앞면에 케이블이나 트래블링 스티치가 있을 때는 어떤 것이 겉뜨기 코이고 어떤 것이 뒷면에서 안뜨기한 코인지 명확하지 않을 때가 있다. 그럴 때는 바늘 끝을 유심히 봐야 한다. 원통뜨기로 아란 무늬 몇 인치만 떠보면 이게 얼마나 쉽고 즐거운지 알고 놀랄 것이다. 눈과 손이 알아서 움직이고 뇌는 자유로워진다. 혹은 뇌를 비우고 방전되었던 배터리를 충전할 수도 있다. 어쨌든 계속 생각을 해야 할 필요는 없다는 말이다.

여기까지 11월, 질문 있는 사람?

11월은 다소 지루한 달로 여겨지지만, 우리 집에서는 그렇지 않다. 우리 집에서 11월은 대비하는 달이다. 바람이 들어오는 구멍을 찾아 틈새를 막는다. 장작더미를 모으고 새 모이통을 설치하고 진지한 독서를 시작하고, 그리고 언제나 뜨개를 한다. 크리스마스에 뜨개 선물로 무엇을 만들지 계획하고 실행하는 달이며, 크리스마스 후 눈 덮인 시간에는 무엇을 뜰지 야심 찬 계획을 세운다. 내가 모카신 양말 때 그런 것처럼, 사람들은 갑작스러운 영감이라는 섬광에 공격, 아니 압도당하는 것 같다. 내가 영감을 받은 적이 없다고 말했던가? 내 말에 신경 쓰지 말기를. 나는 아무 말이나 하니까. 영감에는 어느 정도 불안한 면이 있다. 영감을 받자마자 실제로 떠보고 아이디어를 명확하게 해놓지 않으면 다음 날 아침 이슬처럼 녹아 없어진다. 행여 바로 떴다 해도 다시 잊을 수도 있다. 그 증거가 내가 가진 아주 큰 비닐봉지다. 이상한 실과 오랫동안 잠들어 있는 프로젝트로 꽉 찬 비닐봉지 말이다. 뜨개 아이디어가 떠오르지 않으면 그 봉지를 뒤적여 아이디어의 불씨를 살릴 것이다.

모카신 양말만큼은 적어도 명확한 아이디어고, 뜨개로 만들어냈고, 이제는 설명도 되었다. 한번 떠보면 어떨까? 다음 설명은, 누가 될지는 모르지만, 60코로 시작할 뜨개인을 위한 지침이다. 생각하는 뜨개인이라면 이번 장에서 모양이 다른 양말 두 컬레를 만들 수 있다.

모카신 양말을 뜨기 위한 간결한 지침

게이지: 1인치에 6코

사이즈: 평균 성인

재료: 게이지에 맞는 약 3온스(85g)의 가는 양말 실. 막대바늘 한 세트와 게이지에 맞는 굵기의 40cm 줄바늘 하나(2~3.25mm). 나일론실.

막대바늘로 60코를 잡는다. 첫 코는 늘 걸러뜨기 한다.

1단: P1, *K2, P2, *부터 반복, P1로 끝내기.

2단: K1, *P2, K2, *부터 반복, K1로 끝내기.

위의 두 단을 8인치(20cm) 만큼, 또는 원하는 길이만큼 반복해 뜬다.

양 끝에 세 코씩을 안전핀이나 별실에 옮긴다. 54코가 남았고, 앞면에서 양 끝의 코가 모두 겉뜨기 2개로 되어 있다.

*앞면을 본 상태에서 걸러뜨기 1, SSK, 끝에서 3코 남을 때까지 겉뜨기, K2tog, K1. 뒷면을 작업. 총 30코가 남을 때까지 *부터 반복한다.

안전핀으로 표시한 위치에서 편물의 길이가 8인치(20cm)

가 될 때까지 떠간다. 나일론실을 연결하고 10인치(25cm) 양말이라면 메리야스뜨기로 1인치를 뜬다(11인치(28cm) 양말이라면 2인치, 9인치(23cm) 양말이라면 0인치).

앞면을 보고 발가락 부분을 뜬다.

K9, K2tog, K8, SSK, K9. 안뜨기로 돌아오기.

K8, K2tog, K8, SSK, K8. 안뜨기로 돌아오기.

K7, K2tog, K8, SSK, K7. 안뜨기로 돌아오기.

앞면에서 10코가 남을 때까지 이런 식으로 반복해서 뜬 뒤 10코를 40cm 줄바늘에 옮긴다.

앞면을 본 채 발등 왼쪽 변을 따라 53개의 코를 줍고, 안전핀에 있는 6코를 뜬다. 발등 오른쪽 변에서도 마찬가지로 코를 줍는다. 안전핀이 있는 곳까지 겉뜨기로 한 단을 뜬다. P7, 편물 뒤집기, K8, 편물 뒤집기, P9, 편물 뒤집기, 안뜨기한 코가 29코가 될 때까지 계속한다.

모든 코를 1인치만큼 뜬 뒤 다음 단부터 발가락 부분을 만들기 위해 K2tog를 20번 해 코를 줄인다. 그런 뒤 다시 K2tog를 10번 해서 0.5인치(1.3cm)를 떠서 발가락과 뒤꿈치를 만든다. 편물의 길이가 2인치가 됐을 때 발가락 부분 10코를 한 번에 꿰어 당긴 뒤 옆면끼리 잇는다. 뒤꿈치에서도 10코를 한 번에 꿰어 당긴다.

뒤쪽 솔기를 단정하게 꿰맨다. 까다로운 뜨개인이라면

앞면에서 잇는다.

  자주 있는 일은 아니지만, 만약 이 양말이 닳았다면 바닥 부분을 풀어서 새로 뜨자. 이 작은 반려 아이템은 새 숨결을 부여받아 수명이 두 배로 길어질 것이다.

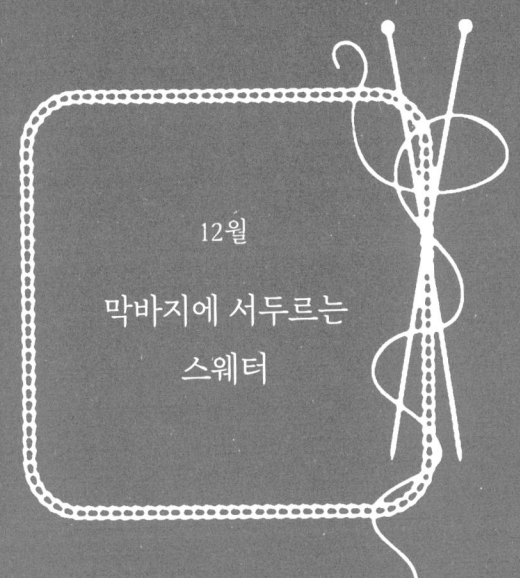

12월

막바지에 서두르는 스웨터

　　　　　　신중하게 크리스마스를 맞이해 보자. 크리스마스는 정말로 매년 신나고 새로워야 할까? 그것이 정말로 크리스마스의 정신일까? 인간의 마음은 안정과 전통을 갈망한다. 그러나 과거의 크리스마스 느낌과 분위기, 다가올 크리스마스에 대한 기대, 크리스마스 선물의 마법 같은 것들이 모두 뒤섞이고 흐려져서, 이제는 한 해 동안 매달릴 최신 기계나 비누, 음악, 스포츠 경기, 레시피 같은 것을 주고받는 혼미한 세상이다. 그중 많은 것들은 무미건조하고 파괴적이며 때로는 비난받아 마땅하다는 사실이 판명될 것이다. 최소한 크리스마스는 세대를 이어온 방식으로 지키고, 새로운 문화는 섬세하고 조심스럽게 스며들도록 노력해 보는 건 어떨까. 그 좋은 출발로 직접 만든 선물을 건네는 일은 전통을 지키기 위한 괜찮은 노력이 아닐까?

　여러분은 혹시 잘 만들고 싶지만 시작조차 못 한 무언가가 있는가? 그게 바로 스웨터라고? 나도 그렇다.

이제 와서 스웨터를 뜨기 시작하는 것은 어리석은 짓처럼 보일 수 있지만, 스웨터는 우리의 소중한 12월을 너무 많이 소모하지 않으면서도 뜰 수 있는 훌륭한 아이템이다. 중요한 건 스웨터를 두껍게 뜨는 것이다. 실이 굵을수록 콧수가 적어지고, 콧수가 적을수록 빨리 마무리되니까. 그렇지 않겠는가? 숫자를 계산할 때처럼 순식간에 마무리되지는 않겠지만(그리고 얇은 실로 뜰 때만큼 손가락이 민첩하지는 않겠지만) 놀라운 속도로 마무리할 수 있다.

　1인치에 2.5코가 들어가는 게이지라면, 100코와 그에 비례하는 몇 단으로 40인치 둘레 스웨터를 만들 수 있다. 5코를 더하면 42인치 스웨터가 되고, 5코 단위로 치수를 조절할 수 있다. 40cm와 60cm 길이의 줄바늘과 실을 꺼내 스와치를 뜨자. 게이지에 확신이 있다면 소매부터 시작할 수도 있다. 100의 1/5인 20코로 소매를 시작한 뒤, 이것을 스와치로 사용할 수 있다. 소매통이 너무 크거나 너무 작게 나오는 경우(소매통이 너무 크면 밑단을 꽉 조이면 되고, 소매통이 너무 좁으면 양옆으로 당기면 된다), 소매 윗부분과 몸통의 콧수를 조절할 수 있다.

　나는 4온스(113g)짜리 쉽스다운 실 여덟 타래를 따로 떼어 놓았고, 6.5mm 바늘을 쓸 것이다. 다른 이유는 없고 그저 소매를 뜰 수 있는 40cm 줄바늘 중 이것이 가장 굵은 바늘이기 때문이다. 6.5mm 바늘과 쉽스다운 실로 나는 1인치에 2.5코 게이지를 얻었다. 이 바늘이 없다면, 몸통으로는 더 큰 60cm 줄바늘을 쓰고, 소매에서는 네 개의 막대바늘을 쓰면 된다. 이 스웨터는 원통으로 떠야 한다. 그렇게 뜨도록 디자인되었으니까. 게다가 잇기를 생략해서 아낄 수 있는 시간이 얼마인가.

나는 이걸 위시본wishbone 스웨터라고 부르는데, 뜨개인들에게 처음으로 소개한다. 더 얇은 실과 작은 게이지로는 뜨지 말자. 나도 시도해 봤지만, 어떤 이유에서인지 잘되지 않았다. 나도 왜 그런지 모르겠다. 1인치에 4코가 들어가는 게이지로 시도했는데 어깨를 다섯 번이나 떴다가 풀고서 절망에 빠져 포기했고, 그보다 더 복잡한 버전의 위시본으로 수정해 마무리했다. 두꺼운 실과 얇은 실 사이에서 콧수 게이지와 단수 게이지의 관계가 달라지는 이유는 지금까지도 알 수 없지만 언젠가 풀리기를 바란다.

나는 스웨터를 꽤 크게 뜰 것이다. 첫째, 이 스웨터를 입을 사람의 체격이 크기 때문이다. 둘째, 두꺼운 스웨터는 실의 두께 때문에 밖에서 보이는 것보다 안쪽이 더 작으므로 처음 생각한 것보다 최소 1인치에서 2인치까지 커져야 한다. 내 말이 믿기지 않으면 발포 고무 매트리스로 옷을 만든다고 상상해 보자. 바깥 둘레가 안쪽 둘레보다 얼마나 더 넓겠는가. 두꺼운 스웨터도 마찬가지다. 내가 뜨려는 스웨터는 1인치에 2.5코 들어가는 게이지로 바깥 둘레가 46인치(117cm), 즉 115코다. 이것을 나누기 쉽도록 116코로 조정해 뜰 것이다. 그렇게 하면 앞판이 57코, 뒤판도 57코가 되고 양옆의 한 코를 솔기 코로 둘 수 있다.

하지만 시작은 110코로 할 것이다. 이 110코 중 등에 51코를 두고 3.5인치(9cm)를 그대로 떠 올라간다. 솔기 코는 안전핀으로 표시를 하자. 안 그러면 솔기 코에 왔을 때 알아보지 못할 수 있다.

3.5인치(9cm)만큼 떴으면, 뒤판 51코에서 균등한 간격으로 6코를 늘린다. 솔기 코를 뜬 뒤 K3, M1, (K9, M1) 5회, K3, 솔기 코 뜨기를 한다. 이것은 등 아래쪽에 깜찍한 형태를 부여해서, 손으로 뜬 것이나 기계로 뜬 것에 상관없이 모든 스웨터들이 그렇듯 어깨에서 벌어져 등 아래쪽에서 축 늘어지는 안타까운 경향을 보완한다. 기계들은 이 문제에 대처하는 일에 별로 신경 쓰지 않을지 모르지만, 우리는 손뜨개를 하고 있고 그렇게 고집스럽지도 않다.

스웨터 뒤판의 핏을 살리는 또 다른 방법은 되돌아뜨기를 넣는 것이다(부록 참조). 뒤판에서 평면뜨기를 하면서 규칙적인 간격으로 되돌아뜨기를 한다. 밑단에서 겨드랑이까지 떠 가는 동안 두세 번만 하면 된다.

우리가 뜨고 있는 큰 게이지에서는 되돌아뜨기를 한 번 할 때마다 아마도 0.5인치(1.3cm) 가량 길이가 늘어날 것이다. 겨드랑이까지의 길이는 여러분이 정하기 나름이다. 나는 여전히 26~27인치(66~69cm) 길이의 스웨터를 좋아하는데, 가끔 다른 사람들이 뜬 스웨터를 보면 슬금슬금 짧아지는가 싶더니 결국 깡똥한 스웨터가 될 때가 있다. 자신에게 맞게 뜨자.

스와치 대신 소매를 뜨지 않았다면, 이제 소매를 시작하자. 나는 24코(116코의 약 20%)를 잡았고, 겨드랑이 아래에서 4단마다 2코를 늘렸다. 나중에 가짜 솔기를 만들기 쉽도록 코늘림과 코늘림 사이에는 세 코를 두었다. 코를 늘릴 때는 감아코로 늘렸다. 완벽주의를 좋아하는 뜨개인이라면, 오른쪽에서 늘릴 때와 왼쪽에서 늘릴 때 각각 일정한 방향으로 코를 꼬아라. 이렇게 뜬 것을 알아차리는 사람이 많지는 않지만 자기만족이 된다.

위시본 스웨터의 경우 소매 윗부분은 몸통 너비의 40%, 즉 116코로 뜬 스웨터의 경우 46코다. 46코가 될 때까지 양쪽에서 동일하게 코늘림을 한 뒤, 원하는 길이가 될 때까지 쭉 뜬다.

몸통과 소매 길이가 원하는 만큼 떠져서 겨드랑이까지 왔다면(나는 몸통을 19.5인치(50cm) 떴고, 소매는 17인치

(43cm) 떴다) 가짜 솔기를 넣는다(부록 참조). 이제 세 조각을 60cm 줄바늘에 합체할 때가 왔다. 완전히 새로운 방식의 신나는 요크다. 이것은 올여름에 unvent했다. 뜨고 풀기를 수없이 반복한 끝에 말이다. 헤어날 길 없는 좌절을 느끼고 싶은 게 아니라면, 더 작은 게이지가 나오는 얇은 실로는 시도하지 말기를.

몸통 쪽과 소매 쪽 겨드랑이에서 각각 9코(116코의 8%)를 별실에 옮긴다. 아주 편리하다. 솔기 코는 다섯 번째 코를 솔기 코로 잡으면 된다. (안다. 116의 8%가 9.28이라는 것은 알지만, 0.28코에 대해 들어 본 적이 있는 사람? 우리는 수학자일까, 뜨개인일까? 백분율이 우리의 하인이지 우리가 백분율의 하인이 아니다.) 남은 코를 모두 60cm 줄바늘에 옮기면 정확히 172코가 될 것이다.

소매에는 각 37코가 있을 텐데, 두 단마다 1코의 비율로 늘어나면서 몸통 쪽으로 겹칠 테니 양쪽 소매의 첫 코와 마지막 코를 안전핀으로 조심스럽게 표시하자. 한 단은 그대로 뜨고 두 번째 단에서부터 코줄임을 시작한다.

*앞판의 첫 번째로 표시한 코로부터 1코 남을 때까지 앞판을 가로질러 계속 뜨다가 K2tog. 두 번째로 표시한 코까지 소매를 가로질러 뜨다가 걸러뜨기 1코, 다음 몸통 코를 겉뜨기, 그리고 psso한다(또는 SSK가 더 낫다). 뒤판에 걸

쳐 *부터 반복하여 단을 마무리한다. 총 4코를 줄였다. 한 단은 코 증감 없이 뜬다.

첫 번째 *부터 이 두 단을 반복하다 보면 소매가 점점 길어진다는 사실을 알게 될 것이다. 하지만 속도가 답답하다고 느낄 텐데, 여러분이 느낀 게 맞다.

뒤판과 앞판의 콧수가 (실제로는 1코 차이가 나지만) 소매 37코와 같아지면(앞과 뒤에 각 19코) 두 번째 코줄임을 할 차례다.

각 소매의 가운데 3코를 마커로 표시한다. 이 지점에서 두 단마다 2코를 줄인다. 표시한 3코로부터 1코 남은 지점까지 뜬 뒤 K2tog, K1, SSK 한다. 어깨에서 두 단마다 한 번씩 이렇게 뜨면 코가 줄어드는 속도는 두 배가 되고 기능성이 좋아 보이는 어깨를 뜰 수 있다. 양쪽에서 소매코로 23코가 남을 때까지 어깨 코줄임을 계속한다(처음 잡은 콧수인 116코의 1/5). 그런 뒤 어깨 코줄임을 멈추고 앞판과 뒤판은 계속 코줄임을 한다. 앞중심과 뒷중심이 만나면 총 콧수가 목 콧수인 46코(116코의 40%)가 된다. 이보다 콧수가 많거나 적다면 무언가 잘못된 것이다. 다시 확인하는 게 좋다. 하지만 서너 코 차이로 마음 아파하지는 말자.

이제 모든 코늘림을 멈추고 뒷목 형태를 잡자. 이 단계를 생략하면 안 된다. 어떤 스웨터든 바로 이 부분이 핏을 살리는 핵심이다. 굵은 실로는 되돌아뜨기를 세 번만 하면 된다.

 왼쪽 어깨에서 편물을 뒤집는다. 23코(또는 절반)를 안뜨기한 뒤 편물을 뒤집고 25코를 겉뜨기한 뒤 다시 뒤집는다. 27코 안뜨기, 편물 뒤집기. 이게 전부다. 다섯 단을 이렇게 뜬 뒤 코잡은 방식으로 코막음을 한다(부록 참조). 조금 어렵지만 뜰 가치가 있다. 신축성 좋고 훌륭하며 밧줄처럼 생겼다. 그리고 이 스웨터를 목부터 떴을 거라고 생각하도록 다른 뜨개인을 속일 수도 있다. 원한다면 목에 겹단을 만든 뒤 잘 접히도록 안뜨기를 한 단 넣을 수도 있고, 아래와 같이 마무리할 수도 있다.

 겨드랑이를 잇고 나면 스웨터는 겹단을 제외하고 다 뜬 것이다. 가짜 솔기가 반 코 어긋났다고 해서 걱정하지 말자. 여기에 대해서는 더 할 수 있는 일이 없다.

 겹단은 더 얇은 실로 뜨는데, 아마도 색이 다른 워스티드 굵기의 실 또는 더 얇은 실로 뜰 수도 있다. 1인치에 5코 게이지가 가장 좋다. 당연히 이 게이지라면 스웨터 몸판보다 더 많은 콧수가 필요하며, 코잡은 코(또는 코막음한 코일 수도 있다)의 뒤쪽 고리에서 두 코를 주운 뒤 감아코로 한 코를 만듦으로써 적정 비율을 얻을 수 있다. (*2코 줍기, M1. *부터 반복). 소맷부리와 밑단의 겹단은 약 12단 정도 뜨자. 목은 접기 전 8단이 되도록 뜬 다음, K2, M1으로 한 단을 뜨고 다시 8단을 뜬다. 코막음을 하지 않은 채로 느슨하고 신축성 있게 목선에 꿰맨다. 마지막 코늘림 덕분에 약간 솟은 칼라 아래로 매끈하게 놓이게 된다.

이것이 바로 소심한 구경꾼들을 놀라게 할 만한 스웨터가 아닌가? 나는 4온스(113g)짜리 실 8타래로 스웨터를 떴다. 한 시간에 1타래씩 쓴 셈이다. 12월 1일부터 12월 16일까지 뜬다고 치면 하루에 30분밖에 걸리지 않을 것이다. 아무리 바쁜 사람이라도 쿠키 굽기, 카드 쓰기, 서둘러 크리스마스 선물 사기, 선물 포장하기, 캐롤 부르기, 복도 장식하기를 할 시간이 있다면 이 스웨터도 뜰 수 있다.

위시본 스웨터를 뜨기 위한 간결한 지침

게이지: 4인치(10cm)에 10코(1인치에 2.5코)

사이즈: 둘레(바깥) 약 46인치(117cm). 2인치(5cm) 가량 크거나 작게 뜨고 싶다면 비율에 따라 5코씩 조정한다.

재료: 쉽스다운 8~9타래. 게이지에 맞는 40cm와 60cm 줄바늘 하나씩.

60cm 줄바늘에 110코(116코에서 6코를 뺀 숫자)를 잡는다. 원통으로 이어서 3.5인치(9cm)를 뜬다. 뒤판에서 균등

한 간격으로 6코를 늘린다. 몸통 길이가 19.5인치(50cm)이거나 원하는 길이만큼 떴다면 겨드랑이가 될 9코(116코의 8%)를 별실에 걸어 둔다.

소매: 40cm 줄바늘 또는 막대바늘 4개로 24코를 잡는다(116코의 20%). 원통으로 연결하고 겨드랑이 아래에서 4단마다 2코를 늘린다. 46코(116코의 40%)가 됐으면 겨드랑이까지 쭉 뜬다(18인치(46cm)). 겨드랑이의 9코를 별실에 옮긴다. 겨드랑이를 마주 보게 둔 후 모든 코를 60cm 줄바늘에 옮기고, 소매의 양 끝에서 1코씩을 줄이면서, 그러니까 총 2단마다 4코씩 줄이며 원통뜨기로 뜬다.

앞판과 뒤판 콧수의 합이 소매 콧수인 37코와 같아지면, 23코가 될 때까지 소매 가운데에서 2단마다 2코씩 줄인다(116코의 20%). 소매의 가운데 코줄임을 멈추고 앞뒤판의 코줄임 선이 만날 때까지 앞과 뒤에서만 코를 줄인다.

뒷목 형태 잡기: 왼쪽 어깨에서 시작. 편물 뒤집기. 오른쪽 어깨에서 P23, 편물 뒤집기, K25, 편물 뒤집기, P27. 5단을 뜬 뒤 코막음. 목과 소맷부리, 밑단에 겹단을 추가. 겨드랑이를 잇는다.

눈에 갇혀본 적이 있는지?

나는 몇 년 동안 눈에 갇혀보고 싶다고 생각했는데, 올해는 그것이 이루어지게 되었다. 오후가 되자 아름답고 비장하게 눈이 내리기 시작했다. 저녁 식사 직전에 아이들을 태운 제설차가 "해피 뉴 이어"를 외치며 지나갔다. 저녁 식사 후 간식을 조금 먹고 나가서 차고로 가는 길에 쌓인 눈을 치웠는데, 밤새 눈이 흩날리고 바람이 부는 통에 아침이 되니 차고까지 길을 낸 흔적도, 제설차가 지나간 흔적도 보이지 않았다.

  맨 먼저 할 일은 길을 트는 것이었고, 다음으로 영감은 블루제이(큰어치 새) 먹이통을 보러 갔다. 영감은 창문 근처 먹이통에 모여든 작은 새들이 방해받지 않도록 커다란 블루제이 무리를 훈련해 왔다. 블루제이는 숲 근처 마른나무에 훌륭하게 잘 앉아 있었는데, 아마도 집에서 모이와 해바라기씨를 먹으며 즐거운 시간을 보내는 병아리와 딱따구리에게는 그 방법을 알려주지 않을 것 같다. 그들은 모두 인내심 있게 그리고 마치 장식처럼 가만히 포플러나무에 앉아 있었고, 영감은 허리까지 오는 장화를 신고 옥수수 한 양동이를 든 채 그곳으로 갔다.

  뒤이어 아침 식사를 했다. 새들도 우리도. 그런 뒤 넓고 평평한 지붕에 쌓인 눈을 치우러 올라갔다. 우리는 발목 정도 쌓인 곳에서 시작했는데, 나중에는 75cm 이상 쌓인 곳까지 힘들게 나아갔다. 때때로 지붕은 눈이 치워질 때마다 가벼운 신음과 안도의 한숨을 쉬었고, 우리는 한 시간 만에 일을 끝냈다.

영감은 스노우슈즈를 신고 상황이 어떤지 보러 고속도로로 나갔다. (한 차선이 뚫려 있었지만 오가는 차는 보이지 않았다.) 집 주변에 쌓인 눈은 큰 삽으로 퍼서 들어 올리기에 적당한 크기로 덩어리져 있었다. 근사한 이글루의 시작 부분은 뚝딱 만들었지만, 지붕이 어려웠다. 건설적인 목표를 가지고 눈을 치우는 게 기분 전환도 되고 속도도 빠른 것처럼 보였지만, 역시 즐거운 망상이었다.

나는 재미가 있을 때 일을 가장 열심히 하는 편이다. 재미가 있어야 과정에 주목하고 기뻐할 수 있다. 무한 겉뜨기를 해야 할 때는 내가 얼마나 많이 떴는지 확인하고 싶어서 시작할 때 늘 안전핀을 꽂는다. 어두운 곳에서 뜰 때, 이를테면 긴 여정 끝에 집으로 돌아가는 차 안에서 안전핀을 찾을 수 없다면 코를 꼬아서 뜬다. 다음 단에서 그 코를 뜰 차례가 되면 오른쪽 바늘이 꼬인 코를 보고 놀란다. 그걸 다시 꼬아서 코가 바로 오게 하지만, 다음 코를 다시 꼬아 뜬다. 꼬아 뜬 코가 두 개가 된다. 그러면 '아하! 벌써 두 단을 떴구나' 하고 알 수 있다. 첫 코는 다시 꼬아 뜨고, 두 번째 코는 원래대로 뜨고, 세 번째 코는 다시 꼬아 뜬다. 이런 식으로 네 번째, 다섯 번째 코도 계속한다. 매번 꼬아 떠진 코에 도착할 때마다 내가 얼마나 많이 떴는지 확인할 수 있다. 광기가 느껴진다고? 나도 안다. 하지만 뜨개인 중에는 나 같은 사람도 있는 법이고, 누구에게도 상처 주지 않는 일이라면 하지 말아야 할 이유가 무엇인가. 물론 자연스럽게 대화가 뿌리내리고 싹이 트고 꽃이 피면, 이러한 꼬아뜨기 비법은 중단되고 뜨개는 자동적으로 계속될 것이다. 하지만 오래된 부부 사이라면 오랜 침묵은 좋은 토론만큼이나 잦고 즐겁다. 뇌나 눈을 혹사하지 않고도 저절로 떠지는, 마음을 달래주는 뜨갯거리가 떨어지지 않도록 잘 준비하면 된다.

어두운 곳에서는 뜨개를 할 수 없다고? 말도 안 되는 소리. 누구나 어두운 곳에서 뜨개를 할 수 있다. 눈을 감는다. 한 코를 뜬다. 눈을 뜨고 코를 확인한다. 괜찮다. 눈을 감고 두 코를 뜬다. 눈을 뜨고 확인한다. 다시 눈을 감고 세 코를 뜬다. 나무에서 떨어지는 일과 비교도 안 되게 쉽다. 눈을 감았을 때 왼쪽 엄지손가락이나 오른쪽 바늘이 뭔가 재미있는 것에 부딪혔다는 메시지를 보낸다면, 아마도 그것은 꼬인 코이거나 빠진 코이거나 아니면 아랫단 코일 것이다. 잘못 떠진 코를 고치고, 다시 눈을 감자. 여러분이 어두운 차 안에 있다면, 도로의 헤드라이트 불빛에 의지해 뜨개를 하면서 문제를 해결하자. 마음 약한 사람들은 뒤에서 다른 차가 올 때까지 기다리는 것이 나을 수도 있다. 그들이 비추는 헤드라이트 불빛에 의지해 조금 뜰 수 있을 것이다. 만약 운전자가 당신의 고군분투를 알아차리고 잠시라도 차 안의 불을 켜준다면 당신은 운이 좋은 것이고, 최고의 배우자와 동맹을 맺은 것이다.

눈 치우기는 늙고 정적인 뜨개인에게 이렇게 말한다. 낮잠이 몰려온다고. 나는 뜨갯거리와 나란히 앉아서, 낮잠이 뜨개를 천천히 앞지르도록 할 것이다.

12월 챕터가 빠르게 채워지고 있다. 한 가지 더 유용한 속임수에 대해 쓸까 한다. 뜨개책에 담긴 지침들은 물론 좋지만, 그 책을 쓴 작가들은 모든 것을 바꿀 수 있는 작은 요령에 대해서는 거의 말하지 않는다. 만약 당신이 유능하고 친절한 직원이 있는 좋은 뜨개숍이나 실 코너를 자주 방문한다면 아마 당신에게 유용한 팁을 많이 알려줄 것이다. 초보 뜨개인에게 너무 많이 시달리거나 실적을 올려야 하는 의무감에 순수하게 도움을 줄 여유가 없는 게 아니라면 말이다. 하지만 만약 여러분이 혼자서 뜨개를 하거나 뜨개 기술을 배울 기회가 적다면, 다음과 같은 것들이 꽤 쓸만할 것이다.

소맷부리와 목선, 그리고 톱다운으로 뜬 원형 스웨터의 밑단을 코막음 한 뒤 마무리 실이 남았을 것이다. 절대 팽팽하게 당기지 말자. 돗바늘로 첫 번째 코막음 코에 조심스럽게 통과시킨 뒤 마지막 코의 뒷부분으로 통과시키자. 장력을 조절한 다음 마무리하자. 이렇게 하면 코막음 한 마지막 코와 첫 코가 감쪽같이 합쳐진다. 삶의 질을 높여주는 사소한 것 중 또 한 가지를 이루어냈다.

한 가지 더. 완성한 옷에서 몇 인치 떼어내는 법을 알고 있는지? 보통은 가위로 잔인하게 잘라내는 방법이 알려져 있다. 그런 관행에서 벗어나자. 인접한 윗단이나 아랫단을 침범하지 않은 채 한 단을 따라 똑바로 가위질을 하는 일은 인간적으로 거의 불가능하다. 단을 벗어나면 최소 세 단이 사라지는 셈이고, 그러느라 소비된 코들을 정리하는 데에도 그만큼 많은 품이 든다. 코를 바늘에 온전히 옮겨 원하는 결과를 얻기까지 오래 걸릴 것이다.

가장 좋은 방법은 한 코만 잘라내는 방법이다. 그렇게 하면 코의 양쪽이 잘린 채로 있게 될 텐데, 반대쪽에서 다시 만날 때까지 양옆으로 풀어나가면 된다. 얼마나 시적인가. 편물의 크기가 클수록 끝부분도 길어져서 불편할 텐데, 당신이 나와 같은 뜨개실 수전노가 아니라면 그때그때 자르면 된다. 자, 이제 다 왔다. 코를 주워 한 단을 깔끔하게 뜬 후 코막음을 하자. 경우에 따라 계속해서 떠가도 된다.

이미 한 이야기를 또 하는 것인지도 모르지만, 여러분의 편물이 메리야스뜨기 또는 가터뜨기라면, 원래 뜨던 방향과 반대 방향으로도 뜰 수 있다는 사실을 반드시 알려주어야겠다. 어떤 뜨개 패턴이든, 심지어 배색 패턴도 원래 옷을 위로 떠올라가거나 아래로 떠내려가려면 반 코가 밀릴 수밖에 없다.

   그 이유는 논리적이지만 명확하게 밝히기는 어렵다.

   뜨개는 고리 안으로 실이 통과하고 또 고리 안으로 실이 통과하는 일을 영원히 또는 원하는 길이만큼 반복하는 일이다. 고리를 주워 반대 방향으로 떠갈 때 사실 우리는 고리와 고리 사이의 오목한 부분을 줍는 것이며, 그것은 예상치 못한 마술에 가깝다. 메리야스뜨기와 가터뜨기는 그러한 변칙을 허용하는 것이다. 여기에 대해 감사하고 그 이상을 바라지 말자.

   난로는 혼자 중얼거리고, 주전자는 노래하고, 고양이들은 햇볕에서 야옹거리고, 시계는 한 해를 째깍째깍 보내고…….

드디어 마지막

우리는 함께 흔들렸고, 우리의 뜨개는 사계절을 통과했다. 이제 크리스마스이브와 크리스마스가 남았고 곧 복싱데이 Boxing Day*가 될 것이다. 한 해가 저물고 있다.

크리스마스와 새해 사이의 이 며칠은 숨을 멈추고 가만히 앉아서 관찰하고, 미래에 대한 에너지를 소환하기 위한 시간이다. 뜨개바늘이 딸깍거리는 소리에도 깨지지 않는 고요함이 있다. 새로 산 아름다운 크리스마스 책의 책장 넘기는 소리는 들릴 수 있겠지만. 크리스마스를 맞이해 청소한 덕분에 집안은 여전히 깨끗하고, 식사는 간단하다. 큰 칠면조와 달달한 고기도 아직 남았다. 그리고 드디어 우리는 눈 속에 갇혔다.

트리는 곧 정리될 테고, 트리 장식품은 1년 동안 잘 보관될 것이다. 연례 의식 중 나를 가장 감동하게 하는 일이 바로 이것이다. 축제 분위기와 흥분의 한가운데에서 크리스마스트리를 세우는 일보다 그것을 정리하는 일이 내게는 훨씬 감동적이다. 이 상자들이 다시 열릴 때 우리는 모두 어디에 있을까. 무슨 일이 일어날까. 어떤 기쁨이 기다리고 있을까. 우리는 지난 한 해에 감사하며 다음 한 해에 기대를 품는다.

몇 년 동안 함께해 온 작은 크리스마스 장식품 몇 세트들은 이제 다음 성수기가 돌아올 때까지 차고 아래에서 50주를 보내게 될 것이다. 밀랍도 녹일 만큼 뜨거운 열기와, 온갖 재주를 부리는 생쥐들과 함께.

독일 밀랍으로 만든 소중한 성가족과 양치기, 당나귀와

* 크리스마스 뒤에 오는 첫 평일을 공휴일로 지정한 날을 말한다.

뿔 없는 소, 8개의 성삼왕까지. 이 장식품들은 수년 전 울워스 크리스마스 장식품 가게에서 가져온 것인데, 도무지 거부할 수 없었다. 아기 도자기 두 개는 어린 시절 내 크리스마스 케이크를 장식했던 것이고, 그 주변에 있던 나머지는 해체됐다. 36년 전 미국에서 보낸 첫 번째 크리스마스를 축하하기 위해 낡은 잡동사니와 오렌지색 상자로 만든 장식이었는데, 지붕은 들어 올릴 수 있고, 옆면의 벽도 열어서 평평하게 접을 수 있었다.

지금 미국에 관해 알고 있는 것들을 그때도 알았더라면, 1937년 11월의 어느 황량한 날에 나는 우울함 대신 기쁨으로 자유의 여신상을 맞이했을 것이다.

이 나라에 대해 내가 알고 있는 것이라고는 여행객이나 영화, 그리고 《배빗Babbitt》으로부터 얻은 것이 전부였다. (어릴 때는 《작은 아씨들》을 통해 한 줄기 빛을 얻었다.) 우리는 네 가구가 공동화장실을 사용하는 허름한 공동주택에서 살게 될 예정이었다. 여름에는 현관 계단에 앉아 더위에 헐떡거리거나, 팝콘과 솜사탕을 먹으며 산책로를 걷거나, 공동주택과 다를 바 없는 풍경 속에서 휴가를 보내겠지. 우리는 캐딜락 자동차나 롱아일랜드의 주택, 시원한 애디론댁으로 떠나는 여름휴가 같은 것을 열망할 수 없다는 것을 알고 있었다.

이 극단 사이에 넓고 친절하며 따뜻하고 친근한 중간지대가 있고, 아름다운 풍경과 좋은 이웃이 있다는 사실이 나를 구원해 주었다. 나는 지금 미국의 내 집에 있고, 이 나라의 정직한 성인 시민(혹은 노인이라고 해야 할까)이라는 사실을 잊지 않기 위해 가끔 나를 꼬집어야 할 때가 있다. 하지만 원래 다른 국적이 있었음에도 살고 싶은 곳에서 살 수 있다니, 얼마나 운이 좋은가.

어제는 내 뜨개방을 다시 살펴보았다. 그곳은 새해를 위한 가능성으로 가득 차 있었다. 또 다른 아란 스웨터로 시작해 볼까? 전통을 깨고 후드로 만들어 볼까? 아니면 영감에게 떠줄 양말을 여섯 켤레쯤 뜰까? 그의 작업용 양말은 점점 많아지고 있는 반면, 가벼운 양말은 점점 수가 줄고 있다. 쿠션 커버는 어떨까? 배색 무늬와 아란 컬리큐 무늬를 실험해 볼 수 있는 좋은 기회다. 10인치 길이의 레이스 테두리가 달린 숄도 있는데, 이 테두리를 내가 직접 디자인했던가? 나는 레이스 패턴을 디자인한 적이 없는 것 같은데. 뜨개 하는 동안 무릎을 따뜻하게 덮어줄 거대한 아프간은 어떨까? 발란스에 두를 레이스 테두리? 안 될 게 뭐람? 혁신적인 냄비 손잡이? 아, 캠핑이나 소풍 갈 때 쓸 아이스박스를 뜨개로 만들어 볼까?

내년 이맘때면 이 중에서 현실화된 아이디어도 있고 잊힌 것도 있을 것이다. 지금은 꿈에도 생각지 못한 돌발 상황도 있겠지만, 나는 준비가 되었다. 마음은 열려 있고, 뜨개방에는 실이 가득하고, 바늘이 준비되어 있고, 내 머리는 캐서린의 바퀴처럼 회전하고 있다. 연필도 많다. 그런데 네모난 메모지를 어디에 뒀더라?

찾았다. 운이 좋다. 당신에게도 같은 일이 일어나기를 바란다.

부록

생소한 용어와
특별한 뜨개법에
관하여

SSK(slip, slip, knit)

왼쪽으로 기울어진 1코 줄임.
걸러뜨기 1, 겉뜨기 1, psso를 대체할 수 있다.
SSK는 첫 번째와 두 번째 코를 겉뜨기 방향으로 한 코씩 걸러뜬 다음, 왼쪽 바늘을 이 두 코의 앞쪽으로 찌른 뒤 함께 겉뜨기한다. (바버라 워커의 《뜨개 무늬 보물창고》에서)

M1(1코 만들기)

빠르고 깔끔하며 감쪽같이 코 늘리는 방법. 오른쪽 바늘로 감아코를 만든다(A). 두 코가 대칭이 되게 늘리려면 각각 반대 방향으로 감아코를 두 개 만든다(A와 B).

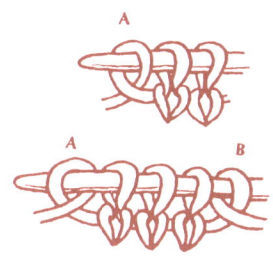

에밀리 오커의 원형 코잡기

이것은 원하는 수만큼 만든 고리에 코바늘을 통과시켜 짧은뜨기를 하는 기법으로, 루프는 나중에 조이면 된다. 아래의 짧은 끝으로 간단한 고리를 만든다. *코바늘을 이 고리 안으로 통과시켜 두 번째 고리를 만든다(A). 코바늘을 두 번째 고리에 통과시켜 세 번째 고리를 만든다(B). 코바늘에 원하는 코가 생길 때까지 *부터 반복한다. 이렇게 만든 코들을 3개 또는 4개 바늘에 걸고 뜬다. 몇 인치를 뜬 뒤 실꼬리를 팽팽하게 당겨 마무리한다.

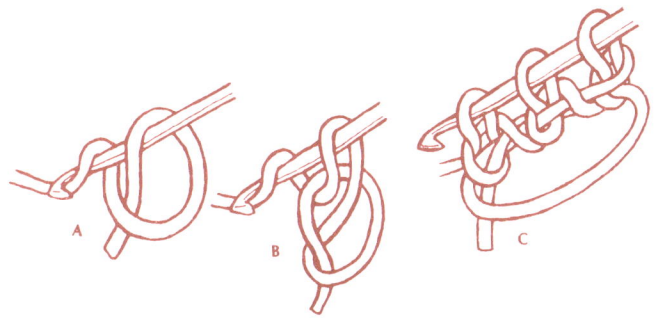

측면 테두리 Sideways Border

견고하고 신축성 있는 테두리로, 코막음을 하지 않아도 된다. 마지막 단까지 다 뜨면 6코(또는 원하는 콧수)를 새로 잡는다. *K5, K2tog(6코 중 마지막 코+마지막 단의 첫 번째 코). 편물을 뒤집는다. K6. 테두리 전체에 대해 *부터 반복한다. 처음과 마지막을 잇거나 꿰맨다.

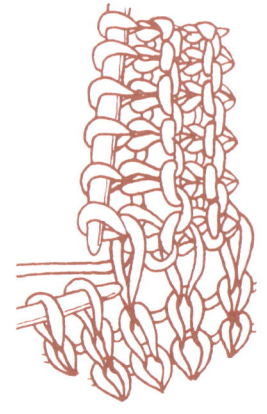

잇기 Weaving

99쪽에서 설명한 것처럼 두 개의 스와치를 만든 후, 돗바늘에 실을 꿰어 아래쪽 조각의 오른쪽 끝에 있는 첫 번째 코를 위에서 아래로 통과하고, 두 번째를 아래에서 위로 통과한다. 위쪽에서도 똑같이 한다. 아래쪽의 두 번째 코를 위에서 아래로 통과하고, 세 번째 코를 아래에서 위로 통과한다. 위쪽에서도 똑같이 한다. 계속 반복.

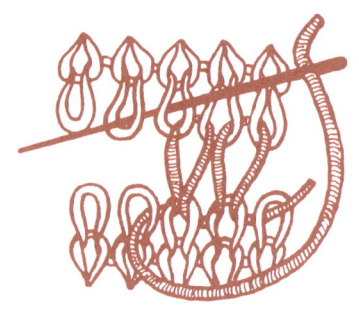

가터뜨기 잇기

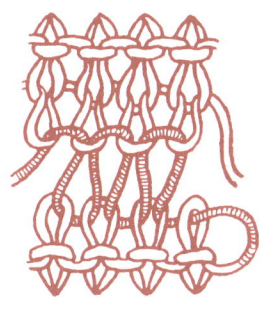

두 개의 실꼬리가 편물의 오른쪽 끝에 걸려 있는지 확인한다. 하나는 자르고 다른 하나로만 뜬다. 코는 그림과 같이 놓아야 한다. *첫 번째 코의 위에서 아래로, 두 번째 코의 아래에서 위로 통과한다. 위쪽 첫 코의 아래에서 위로 통과하고, 두 번째 코의 위에서 아래로 통과한다. 두 번째와 세 번째 코에서도 *을 반복한다.

코잡기식 코막음 Casting-on Casting-off

약간의 속임수가 들어간 아웃라인 스티치 코막음이다. 실을 자르고 돗바늘에 실을 꿴다.

앞면이 보이도록 편물을 놓고 실이 왼쪽 끝에 오게 한다. 왼쪽부터 오른쪽으로 작업해 나간다.

*실을 바늘 위쪽으로 흐르게 둔 다음, 두 번째 코의 앞에서 뒤로 돗바늘을 찌르고 첫 번째 코의 뒤에서 앞으로 바늘을 빼낸다. 바늘이 두 코를 관통하도록 해 실을 당긴 다음, 첫 번째 코를 뜨개바늘에서 제거한다. *부터 반복한다. 바늘에서 코를 제거하는 가장 쉬운 방법이다.

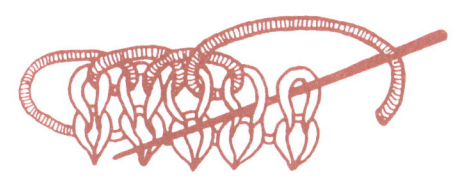

꿰매는 코막음 Sewn Casting-off

가터뜨기 코막음에 특히 좋다. 실을 자른 뒤 돗바늘에 꿴다. 오른쪽에서 왼쪽으로 작업한다. *처음 두 코를 오른쪽에서 왼쪽으로 바늘로 찌른 뒤 당긴다(A). 바늘을 첫 번째 코의 뒤에서 오른쪽 방향으로 찌른 뒤 당기고 코를 뜨개바늘에서 제거한다(B).*을 반복한다.

중요 코잡기식 코막음과 꿰매는 코막음 방식은 둘 다 톱다운으로 뜬 스웨터의 밑단을 뜰 때 무척 유용하다.

보이지 않는 코잡기 Invisible Casting on

편물의 아래쪽으로도 이어서 떠가야 할 때 이 방법을 쓸 수 있다. 보조 실꼬리를 작품 실에 느슨하게 묶어 매듭을 만든다. 바늘을 오른손에 쥐고 엄지와 집게손가락으로 두 실의 매듭을 잡는다. 왼손으로는 두 실을 잡는데, 보조 실이 위에 와야 한다. *오른손에 바늘을 잡고, 보조 실의 앞쪽에서 바늘을 내리고 작품 실의 뒤쪽에서 (작품 실을 감으며) 바늘을 올린다. 보조 실의 뒤쪽에서 바늘을 내리고 작품 실의 뒤쪽에서 (작품 실을 감으며) 바늘을 올린다. 원하는 콧수가 바늘에 감길 때까지 *부터 반복한다. 보조 실의 앞과 뒤로 번갈아 가며 바늘을 내려 고리를 만들면 된다. 첫 단에서는 모든 코를 겉뜨기한다. 이 방식으로 코를 잡으면, 겉뜨기나 잇기를 해야 할 때 매듭을 풀고 보조 실을 없앤 다음 드러난 코들을 바늘에 옮겨 그대로 뜨면 된다.

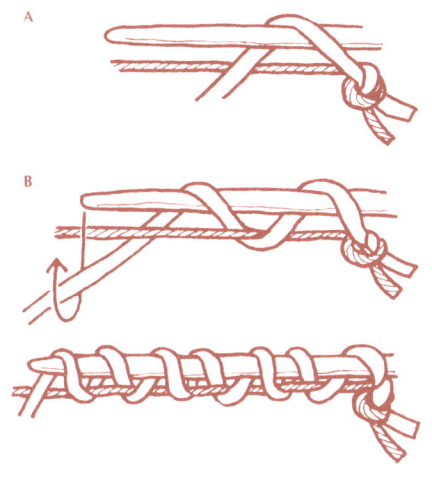

엄지손가락 트릭 Thumb-Trick

장갑을 뜰 때 15코로 이루어진 엄지손가락을 뜨는 방법이다. 엄지손가락을 시작할 부분에 왔을 때, 다른 색 실을 준비해 7코를 겉뜨기한다(15코의 절반에서 1코를 뺀 숫자). 왼쪽 바늘에 7코를 옮기고 아무 일도 없었던 것처럼 계속 뜬다. 장갑을 다 뜬 뒤에 다른 색 실을 잡아당기면 13코가 나타난다. 양말바늘 3개로 코를 줍고 양 끝에 한 코씩을 추가한다. 양 끝에 추가된 코는 구멍이 나지 않도록 꼬아서 떠야 한다. 엄지손가락 길이가 될 때까지 뜬 다음, 모든 코에 실을 꿰어 당긴다. 마무리. 나는 손바닥 쪽에서 엄지손가락의 시작코 만드는 것을 좋아하는데, 이렇게 하면 모서리를 아주 단단하게 마무리할 수 있다.

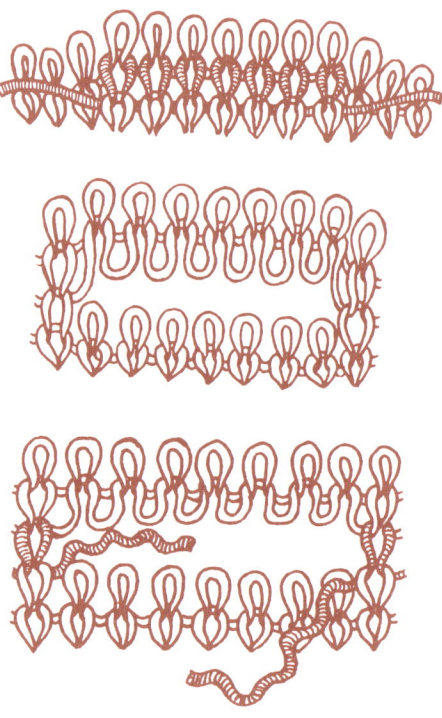

나중에 생각하는 주머니 Afterthought Pocket

주머니가 어디에 올지, 주머니 입구 가운데가 어디에 올지 결정하자. 그 지점에서 한 코를 자르고 양방향으로 코를 풀어낸다. 구멍이 충분히 넓다고 생각되면 4개의 바늘로 코를 줍고, 주머니가 원하는 길이가 될 때까지 뜬다. 잇거나 앞뒤를 꿰매자. 제자리에 잘 놓여 있는지 확인하고, 끝이 흐트러지지 않도록 모서리를 깔끔하게 정리한다.
이 방법으로 '나중에 생각하는 엄지손가락'도 만들 수 있다는 말을 해야 할까?

아이코드 Idiot-Cord

끈, 코드, 줄, 테두리를 뜰 때 사용한다. 막대바늘 2개가 필요하다. 3코를 잡는다. *K3. 편물을 뒤집지 말고 코를 바늘의 반대쪽 끝으로 밀어 놓은 뒤 실을 단단히 당긴다. 원하는 길이가 될 때까지 *을 반복한다.

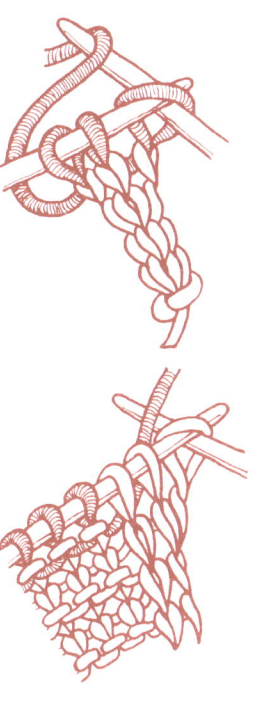

아이코드 테두리

가터뜨기 가장자리에 두께감과 견고함을 준다. *단 끝에서 3코를 겉뜨기한다. 실을 앞으로 가져온 뒤 안뜨기 방향으로 3코를 걸러뜬다. 편물을 뒤집는다. 한 단을 겉뜨기한다. *을 반복한다. 편물을 뒤집을 때 실을 너무 당기면 테두리가 쭈글쭈글해질 수도 있다.

되돌아뜨기 Short Rows

스웨터의 등 부분을 뜰 때 형태를 잡기 위해 자주 사용된다. 왼쪽 측면 솔기로부터 3~4코 남은 지점에 올 때까지 뜬다. 실을 앞으로 가져온 뒤 안뜨기 방향으로 걸러뜨기 1코. 실을 뒤에 놓고 방금 걸러뜨기한 코를 다시 제자리에 놓는다. 오른쪽 측면 솔기에서 3~4코 남은 지점에 올 때까지 뜬다. 실을 뒤에 놓고 안뜨기 방향으로 걸러뜨기 1코, 실을 앞으로 가져오고 방금 걸러뜨기한 코를 다시 제자리에 놓는다. 편물을 뒤집어 계속 작업한다. 편물을 뒤집을 차례가 되면, 되돌아뜨기를 해서 쫀쫀해진 코를 그 코 주변을 감싼 코와 함께 뜬다.

이걸 제대로 하면 편물을 불빛에 비추어보지 않고서는 어느 자리에서 되돌아 떴는지 알아보기 어려울 것이다.

가짜 솔기 Phoney Seams

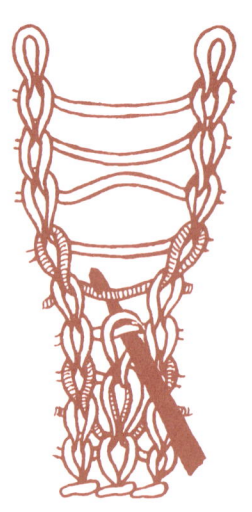

수직 솔기를 만들어 스웨터와 재킷에 스타일링을 부여한다. 코막음을 하기 전에 정확한 솔기 코를 찾은 다음 첫 번째 단에서 확실히 풀어 그대로 내려가게 한다. 코바늘로 *한 코에 가로선 두 개를 한꺼번에 걸고 통과시킨다. 다음에는 한 코에 하나의 가로선만 걸고 통과시킨다. 가로선이 전부 코에 걸릴 때까지 *을 반복한다.
솔기 단은 실제 단수의 2/3가 될 것이다.

기타 영문 약어

K : 겉뜨기
P : 안뜨기
SL : 걸러뜨기
K2tog : 두 코 모아 겉뜨기
P2tog : 두 코 모아 안뜨기
K1B : 꼬아 겉뜨기
turn : 편물 뒤집기
PSSO : 걸러뜬 코로 덮어씌우기
SKP : 한 코를 겉뜨기 방향으로 걸러뜨고 다음 코를 겉뜨기한 뒤 걸러뜬 코로 덮어씌우기

뜨개인의 열두 달
한 해를 되짚어 보는 월간 뜨개 기록

펴낸날 | 2024년 6월 1일
지은이 | 엘리자베스 짐머만
옮긴이 | 서라미
감수자 | 한미란
디자인 | 오필민디자인
펴낸곳 | 윌스타일
펴낸이 | 김화수
출판등록 | 제2019-000052호
전화 | 02-725-9597
팩스 | 02-725-0312
이메일 | willcompanybook@naver.com
ISBN | 979-11-85676-76-0 13590

* 잘못된 책은 구입하신 곳에서 바꿔드립니다.